KIRCHENGESCHICHTE

DUMONT

KIRCHENGESCHICHTE

Ein Schnellkurs

Ulrike Peters

1957 in Bonn geboren, Studium der Vergleichenden Religionswissenschaft, Altamerikanistik und Ethnologie in Bonn und Wien. Promotion in Bonn. Wissenschaftliche Mitarbeit am Nationalmuseum für Anthropologie in Mexiko City und an den Universitäten Bonn und Paderborn im theologischen Bereich. Heute als Dozentin in der Erwachsenenbildung und als Sachbuchautorin tätig. Bei DuMont erschien von ihr »Schnellkurs Altes Mexiko«.

Umschlagvorderseite:
Ferdinand Wilhelm Pauwels, *Luther vor Kardinal Cajetan im Disput über die 95 Thesen*. Öl auf Leinwand, 1870, Eisenach, Lutherhaus. © Lutherhaus Eisenach/The Bridgeman Art Library

Umschlagrückseite: (von oben nach unten):
Pantokrator Jesus, Ikone, 6. Jh., Sinai, Katharinenkloster
Der Kölner Dom; bildarchiv monheim/Florian Monheim
Leonardo da Vinci, Das Abendmahl, Fresko, 1495–97. Mailand, S. Maria delle Grazie, Refektorium; akg-images/Pietro Baguzzi

Frontispiz:
Die romanische Doppelkirche St. Maria und St. Clemens in Schwarzrheindorf bei Bonn; Ulrike Peters

Bibliografische Information der Deutschen Bibliothek
Die Deutsche Bibliothek verzeichnet diese Publikation in der Deutschen Nationalbibliografie; detaillierte bibliografische Daten sind im Internet über http://dnb.d-nb.de abrufbar.

Originalausgabe

Redaktion und Lektorat: Anita Brockmann, Köln
Druck und buchbinderische Verarbeitung: Rasch, Bramsche
Printed in Germany

ISBN 978-3-8321-9127-6

Vorwort 7

Einleitung 9

Die Spätantike: der Aufstieg von einer jüdischen Sekte zur römischen Staatskirche (bis 500 n. Chr.)

Kirchengründung durch Jesus? 14
Nachösterliche Gemeindebildungen in der apostolischen Zeit 19
Paulus und die Heidenmission 21
Martyrium und Verfolgungen 24
Die »Konstantinische Wende« – die Synthese von Kirche und Staat 26
Die Konkurrenz der Kirche – Gnosis, Manichäismus und Mysterienkulte 30
Zwischen Orthodoxie und Häresie – der innerkirchliche Kampf 34
Das Leben in der Einsamkeit der Wüste – die Anfänge des Mönchtums 39
Kirchenväter 41
Exkurs: Kirchliche Strukturen und Gemeindeleben 45

Das Mittelalter: Zeitalter kirchlicher Macht und Machtkämpfe (500-1500)

Das Ende des Römischen Reiches – die Völkerwanderung 48
Pilgerschaft für Christus – die iroschottische und angelsächsische Mission 50
Der Bund zwischen Papst und Kaiser 52
Karl der Große – der neue König David 54
Otto der Große und die Reichskirche 58
Die Reform von Cluny, die Gregorianische Reform und der Investiturstreit 60
Kampf und Schisma zwischen West- und Ostkirche 64
Klosterreformen und Ordensgründungen 66
»Gott will es!« – die Kreuzzüge als Heiliger Krieg im Heiligen Land 70
Der Kampf für den wahren Glauben – »Ketzer« und Inquisition 74
Vernunft oder Glaube? – Scholastik als Theologie im Mittelalter 76
Zwei Päpste sind einer zuviel – das Abendländische Schisma und das Konzil von Konstanz 77
Exkurs: Vorläufer der Reformation 84

Die Neuzeit: Reformation und Gegenreformation und der Weg in die Moderne (1500 bis zur Gegenwart)

Martin Luther und die Folgen 86
Confessio Augustana, Schmalkaldischer Krieg und Augsburger Religionsfrieden 92
Ulrich Zwingli, Johannes Calvin und die Reformation in der Schweiz 95

Ehescheidung mit Folgen: Heinrich VIII. von England
und die Anglikanische Kirche 98
Reform und Gegenreformation der katholischen Kirche 100
Die Jesuiten 102
Weltmission und der Weg zur Weltkirche 104
Der Dreißigjährige Krieg 107
Exkurs: Hexenwahn und Hexenverfolgung 108
Der Pietismus, die neue evangelische Frömmigkeit 110
Die Auseinandersetzung der Kirche mit der Moderne:
Aufklärung, Revolution und Säkularisation 113
Antimodernismus der katholischen Kirche –
Kulturkampf, Dogmen und das 1. Vatikanische Konzil 116
Zwischen Anpassung und Widerstand: die Kirchen im Dritten Reich 121
Aufbruch in der katholischen Kirche – das 2. Vatikanische Konzil 125

Kirche heute: das Zeitalter der Ökumene?
Kirchengemeinde heute 128
Exkurs: Freikirchen 132
Ökumene und Dialog der Religionen 134
Fundamentalismus – der Kampf gegen sittlichen Verfall
und gegen die Moderne 139
Die Frau – das »Tor zur Hölle«? 142
Kirche und Moral – Ehe, Familie und Sexualität 145
Die neue Konkurrenz der Kirchen – Esoterik und neue Religiosität 148

Die orthodoxen Kirchen: geschichtliche Entwicklungen und Tendenzen
Die Orthodoxe Kirche (in der chalcedonischen,
byzantisch-griechischen Tradition) 151
Die Orientalisch-orthodoxen Kirchen
(in der nicht-chalcedonischen Tradition) 155
Kennzeichen der Orthodoxen Kirche
(in der chalcedonischen Tradition) 160

Zwischen Tradition und Wandel – ein religionswissenschaftlicher Ausblick 166

Anhang
Zeittafel 168
Glossar 170
Bibliografie 173
Orts- und Sachregister 175
Personenregister 177
Abbildungsnachweis 179

»Extra ecclesiam nulla salus« – »Außerhalb der Kirche gibt es kein Heil.«

Lange Zeit galt dieser Satz und zeugte von Macht und Glanz der Kirche. Auch heute noch ist die Kirche im gesellschaftlichen Leben – trotz Rückzugserscheinungen – präsent. Die christliche Kirche erlebte einen rasanten Aufstieg von einer kleinen jüdischen Sekte zur römischen Staatsreligion bis hin zur Institution als Reichskirche, die die Politik und den Lauf der Geschichte in Europa mitbestimmte, und bis zur Weltkirche heute, die von ihrer Mitgliederzahl her die größte der Weltreligionen darstellt. Die Kirche prägte wesentlich die Kultur unserer westlich-abendländischen Gesellschaft, die Geschichte Europas ist ohne die Kirche nicht denkbar.

In der wechselvollen Historie zeigte sich die Kirche nicht immer nur – wie sie sich selbst versteht – als Volk Gottes und Institution der Heilsvermittlung, sondern auch als durchaus sehr weltliches Phänomen. Die Kirchengeschichte hatte ihre dunklen Zeiten, die Zeiten der Macht und Dekadenz der Päpste im Mittelalter, der Kreuzzüge als Heiliger Krieg der buchstäblich mörderischen Inquisition und Verfolgungen bis hin zum Fundamentalismus heute.

Aber auf der anderen Seite reformierte sich die Kirche in ihrer 2000-jährigen Geschichte ständig und versuchte, ihrem Selbstverständnis und Anspruch als Gemeinschaft der Gläubigen, als Volk Gottes in der Nachfolge Jesu Christi nachzukommen. Davon zeugen bis heute immer noch vor allem die karitativen Tätigkeiten (wie z. B. Armen-, Alten-, Krankenpflege). Und nach wie vor wird Kirche von den Gläubigen als Mysterium erfahren, als Institution, die das Glaubens- und Heilsgeheimnis und letztlich Lebenssinn vermittelt.

Ziel des vorliegenden Buches ist es, einen kurzen Überblick über 2000 Jahre Kirchengeschichte sowie über die Vielfalt der Kirchen und des kirchlichen Lebens zu geben. Dem Leser sollen auf diese Weise die

Schwerpunkte der Kirchengeschichte vermittelt und damit die Lektüre weiterführender Literatur erleichtert werden. Im Unterschied zu den üblichen kirchengeschichtlichen Darstellungen werden alle großen Konfessionen, die katholische, die evangelische und die orthodoxe Kirche berücksichtigt. Auch auf die Situation der Kirche heute, ihre Brennpunkte und Probleme wird eingegangen wie z. B. Ökumene, Fundamentalismus, die Rolle der Frau, bioethische Diskussionen oder der Mitgliederrückgang der Kirchen angesichts der Konkurrenz durch Esoterik und neureligiöse Bewegungen.

Ulrike Peters

Noch einige Anmerkungen zur Handhabung: Bezüglich der Fremd- und Fachwörter sei auf das Glossar (S. 170) hingewiesen. Die Abkürzungen der biblischen Bücher erfolgen gemäß der Einheitsübersetzung der Bibel bzw. den »Loccumer Richtlinien«. Bei den Päpsten verweisen die Jahreszahlen in Klammern jeweils auf die Zeit ihres Pontifikats, nicht auf die Lebenszeit.

Der Begriff **Kirche** geht auf das griechische Wort *kyriakon* (= Haus Gottes, Herrenhaus) zurück, wobei in neutestamentlichen und altkirchlichen Texten der aus dem Griechischen stammende und auch im Lateinischen verwendete Begriff *ekklesia* (= Versammlung, Gemeinde) geläufiger ist. Mit Kirche ist zunächst und primär die Gemeinschaft (die Versammlung) der Glaubenden, das Volk Gottes gemeint, dann der Ort der Versammlung der Gläubigen (das Kirchengebäude) und schließlich die Institution der Kirche (die soziale, verwaltete und rechtliche Organisation der christlichen Religion). Religionsgeschichtlich gesehen gibt es in der Welt der Religionen der christlichen Kirche bis zu einem gewissen Grad ähnliche Phänomene, die früher einige Religionswissenschaftler veranlasst haben, auch bei anderen Religionen von Kirche zu sprechen. Ein Beispiel sind die sog. Gelbmützen und Rotmützen im Tibetischen Buddhismus. Diese Vergleiche sind aber ungenau, weil sie den jeweils unterschiedlichen zeitlich-historischen und kulturellen Kontext nicht berücksichtigen, in der sich die christliche Kirche zu der spezifischen, singulären Erscheinung entwickelt hat, die sie heute darstellt.

Umgangssprachlich meint man mit dem Begriff Kirche auch die christliche Religionsgemeinschaft bzw. **Religion**, obwohl Kirche ein Teilbereich der Religion ist. Religion (von lat. *religere* = eine kultische Pflicht erfüllen, oder *relegere* = sorgsam beachten, oder *religari* = verbunden sein) ist das Glaubenssystem, d. h. Glaube, Lehre und Kult einer organisierten Gemeinschaft. Über Wesen und Funktion der Religion gibt es keine allgemein akzeptierte Definition, sondern nur unterschiedliche Theorien, die sich in zwei Haupttendenzen zusammenfassen lassen: Die eine ist die substanzielle Auffassung von Religion, die versucht, Wesen und Inhalt der Religion zu erfassen, die andere ist die funktionale Definition, die das Entscheidende der Religion in ihrer Funktion und Leistung sieht (z. B. Bewältigung

Das himmlische Jerusalem als Sinnbild der Kirche; Westfenster des Altenberger Doms

von Krisen wie Krankheit, Tod etc., Sinnstiftung oder Stabilisierung der sozialen Identität).

Das Christentum zählt zu den Weltreligionen. Eine Weltreligion, auch Universalreligion genannt, ist eine Religion, die durch die Kriterien universaler Anspruch, eine große Mitgliedzahl und/oder eine weite geografische Ausbreitung gekennzeichnet ist (es müssen nicht alle Kriterien gleichzeitig zutreffen). Das Heilsangebot der Weltreligion ist universal, daher wird eine universale Gültigkeit beansprucht und oft durch Mission versucht durchzusetzen. Im Unterschied zu Stammesreligionen, wo das Heil in der Gemeinschaft gegeben ist und man sozusagen automatisch von Geburt an Mitglied ist, sodass die Religion daher auf die eigene Ethnie beschränkt ist, kann in der Weltreligion jeder das Heilsangebot annehmen und sich dazu bekennen; die Religion ist nicht durch eine Ethnie, Kultur oder ein Land begrenzt. Zu den Weltreligionen zählen Judentum, Christentum, Islam, Hinduismus, Buddhismus und Baha'i.

Eine **Sekte** (von lat. *sequor* = nachfolgen oder *secare* = abspalten) ist eine religiöse Minderheit, die sich von der größeren, offiziellen Religionsgemeinschaft oder Kirche abgespaltet und selbstständig gemacht hat und zu dieser meist in Opposition steht. Sekten werden von außen oft negativ-wertend als häretisch und nicht legitim beurteilt. Daher ist auch die Verwendung des Begriffes umstritten, allerdings fehlt ein wertneutraler Alternativbegriff. Im Hinduismus und Buddhismus spricht man von Schulen oder Traditionen. Auch die Bezeichnung Religionspartei oder Glaubensrichtung ist gebräuchlich. Im Christentum sind die Sekten durch ihren Gegensatz zur Großkirche charakterisiert, ferner durch ihre Berufung auf die unverfälschten Anfänge in der Vergangenheit, die Betonung der Gemeinschaft, die individuelle Glaubenserfahrung einzelner Lehren und oft auch durch die wortwörtliche Auslegung der Bibel. Nicht selten haben Sekten eschatologische (auf die Endzeit orientierte) und fundamentalistische Züge (s. S. 139 ff.). Die Grenzen zwischen Sekte und Freikirche (s. S. 132) sind fließend, zumal viele Sekten den Status als Kirche etwa aus rechtlichen oder politischen Gründen anstreben. Als christliche Sekten werden oft umgangssprachlich z. B. Mormonen, Zeugen Jehovas, Adventisten, Quäker, Baptisten oder die Pfingstbewegung bezeichnet. Geht man von deren Selbstverständnis als Kirche (die Mormonen beispielsweise nennen sich selbst »Kirche Jesu Christi der Heiligen der Letzten Tage«) sowie dem angestrebten oder erreichten Status als Kirche aus, sind sie korrekter als Freikirchen einzuordnen. Vor allem in den USA gelten viele der von uns als Sekte bezeichneten Gruppen als Kirchen.

Unter **Konfession** (von lat. *confiteor* = bekennen) verstand man ursprünglich ein individuelles oder vor allem auch gemeinschaftliches Glaubensbekenntnis. Erst im 19. Jh. erfuhr der Begriff eine Wandlung hin zur Bezeichnung der unterschiedlichen christlichen Kirchen und Gemeinschaften. Dabei geht man einerseits

Blick auf Jerusalem von der Kirche Dominus Flevit

von der protestantischen Vorstellung aus, dass die Zugehörigkeit zu einer Kirche und das Glaubensbekenntnis zusammengehören. Es sind dann aber auch die Kennzeichen der anderen Kirchen zu berücksichtigen (für die katholische Kirche ist z. B. das Lehramt entscheidend) und ebenso das Selbstverständnis der jeweiligen Gemeinschaft. So betrachtet sich die römisch-katholische Kirche selbst nicht als Konfession und gegenüber den protestantischen Kirchen versteht sie sich als einzige wahre Kirche, d. h. erkennt diese nicht als Kirchen an.

Kirchengeschichte ist einerseits ein Teilbereich der Theologie, andererseits aber auch eine historische Disziplin (Profangeschichte). Ihre Aufgabe ist die Darstellung und Erforschung der Geschichte der Kirche sowohl aus theologischer Sicht als auch mit der historisch-kritischen Methode. Unter Theologie (griech. = Lehre von Gott) versteht man die wissenschaftliche Reflexion und systematische Erfassung, Darstellung, Auslegung und Kommentierung dessen, was den Gehalt des Christentums ausmacht: Quellen und Zeugnisse, Glauben und Lehre, aber auch die Formen der praktischen Ausübung. Die Theologie betrachtet die Religion aus der Innenperspektive, stellt die Wahrheitsfrage und setzt Bekenntnis und Glauben voraus (im Unterschied zur Geschichtswissenschaft oder auch Religionswissenschaft).

Die »Kirchengeschichte« in der Spätantike und im Mittelalter ist aus heutiger Sicht eher als christliche Historiografie zu bezeichnen, bei der es weniger um eine historisch-kritische Darstellung der chronologischen Fakten, als vielmehr um eine durch die Glaubenserfahrung der Autoren geprägte Heilsgeschichte ging. Das früheste Beispiel dafür ist die Apostelgeschichte des Neuen Testaments. Als weitere Beispiele für frühe Kirchengeschichtsschreibung und gleichzeitig als Quellen der heutigen Kirchengeschichte sind die Weltchroniken in der Antike, die Hagiografien (Leben

Die Kathedrale von Sevilla

und Legenden der Heiligen) oder die Annalen (Aufzeichnungen über die Geschichte eines Bistums oder Klosters) im Mittelalter zu nennen. Als Vater der Kirchengeschichte gilt Eusebius (240–320) mit seinem Werk »Kirchengeschichte«. Er war ein Freund und Berater Kaiser Konstantins, lehrte an der theologischen Schule in Cäsarea und wurde später Bischof von Cäsarea. Eine Kirchengeschichte mit wissenschaftlicher Methode begann sich im 17. Jh. unter humanistischem und aufklärerischem Einfluss, verstärkt erst im 19. und 20. Jh. zu entwickeln. Heute ist es ein Ziel der Kirchengeschichtsschreibung, frei von religiöser Erbauung, von apologetischen Tendenzen und konfessioneller Polemik zu sein und die historisch-kritische und ökumenische Darstellung in den Vordergrund zu stellen.

Die Spätantike: von einer Sekte zur Staatskirche (bis 500 n. Chr.)

Es ist die Zeit des Anfangs als jüdische Sekte, die Zeit der Verfolgungen, aber auch der erfolgreichen Mission und der schnellen Ausbreitung bis hin zum Aufstieg zur Staats- und Reichskirche des Römischen Reiches. Damit verbunden ist der Wandel von einer offenen, charismatisch-prophetischen Gemeinschaft in der apostolischen Zeit zur Institution Kirche nach der Konstantinischen Wende mit eigenem Profil, mit hierarchischer Organisation und festgelegter Kirchenordnung, -lehre und Liturgie. Dieses eigene Profil erreicht die Alte Kirche durch Abgrenzung und Kämpfe nach innen (z. B. Arianismus, Nestorianismus) sowie nach außen (z. B. Gnosis, Manichäismus, heidnische Religionen, Mysterienkulte).

Kirchengründung durch Jesus?

Ein zunächst scheinbar unbedeutendes Ereignis, die Kreuzigung eines Juden namens Jesus in der Provinz Juda des Römischen Reiches unter dem Statthalter Pontius Pilatus wahrscheinlich im Jahre 33, wurde zum Ereignis mit entscheidenden Folgen für die Weltgeschichte.

Jesus (hebr. *Jeschua* = der Herr rettet) wurde zum Stifter des Christentums, der heute nach ihrer Mitgliederzahl größten der Weltreligionen. Jesus selbst aber war Zeit seines Lebens Jude. Er wurde um 3 v. Chr. in Palästina geboren und sein Tod am Kreuz ist um 30 bis 33 n. Chr. anzusetzen. Juda war damals ein Teil des Römischen Reiches, das die an das Mittelmeer angrenzenden Länder umfasste, aber auch vom Euphrat und Tigris im Osten bis zum Rhein und zur Donau sowie Britannien im Westen reichte und zu dem auch Teile Afrikas und Arabiens gehörten. Entsprechend war das Römische Reich durch die Verschmelzung römischer, griechischer und orientalischer Kultur gekennzeichnet, allgemein als hellenistische Kultur bezeichnet. Nicht nur das Urchristentum, sondern auch schon das Judentum, aus dem heraus das Christentum entstand, war hellenistisch geprägt. Jesus wurde unter der Regierung von Kaiser Augustus geboren, Juda wurde zu dieser Zeit von Herodes d. Gr. verwaltet.

Die Evangelien (von griech. *evangelion* = gute Nachricht) des Neuen Testaments berichten ausführlich von Jesu Leben und Wirken. Sie wurden aber nicht als historische Biografie Jesu verfasst, sondern verstehen sich als Glaubenszeugnisse über Leben, Botschaft und Wirken Jesu als Heilshandeln Gottes. Es gibt außerbiblisch nur wenige und nur spätere Textstellen, die Jesus erwähnen (Josephus Flavius, Plinius d. J., Tacitus).

Kirchengründung durch Jesus? Rembrandt van Rijn, Christusporträt, Öl auf Leinwand, ca. 1648

Jesu Wirken fällt in die Zeit des **Frühjudentums** (eine Epoche, die von 538 v.–70 n. Chr. reicht). Juda war eine Tempelstaatprovinz unter Leitung eines Hohepriesters und eines Gremiums aus Priestern und Adligen. Mit der Verbindung von Hohepriester- und Königsamt (ab 104/ 103 v. Chr.) formierten sich die Kritik und Differenzen von verschiedenen Gruppierungen. Die wichtigsten davon waren:

1. die Sadduzäer, die Partei der priesterlich-aristokratischen Oberschicht,
2. die Pharisäer, die unter diesen Gruppierungen eine mittlere Position einnahmen und später als einzige Partei in Form des rabbinischen Judentum überlebten,
3. diverse Gruppen mit endzeitlich-apokalyptischen Vorstellungen und radikaler Tora-Frömmigkeit (z. B. in Qumran) und
4. radikale politisch-religiöse Gruppierungen (wie Zeloten, Sikarier), die durch bewaffnete Aufstände die Heilszeit herbeiführen wollten. Jüdische Aufstände führten später zur Zerstörung des Jerusalemer Tempels durch die Römer im Jahr 70 n. Chr. Es ist der Beginn der Phase des rabbinischen Judentums (70 n. Chr.–Anfang 7. Jh.), die Zeit, die durch die Rabbinen und den Talmud geprägt ist.

An der Zugehörigkeit Jesu zum Judentum besteht kein Zweifel, umstritten ist aber die Zuordnung und

Die Spätantike: von einer Sekte zur Staatskirche (bis 500 n. Chr.)

Jerusalem mit dem Tempel war das religiöse Zentrum des Judentums. Modell, Kichonstal Jerusalem

Abgrenzung zu den vielen religiösen Gruppierungen im Frühjudentum sowie sein Selbstverständnis. Wie bei den endzeitlich-apokalyptischen Gruppen ist Jesu Botschaft endzeitlich auf die Naherwartung des Reichs Gottes orientiert. Trotz Unterschieden zu den Pharisäern versucht Jesus wie diese die Erfüllung der Gebote der Tora für das Alltagsleben zu ermöglichen und betont wie diese die Eigenverantwortlichkeit des Menschen und den Glauben an die Auferstehung der Toten und an die Engel. Von daher steht Jesus den Pharisäern von allen frühjüdischen Gruppen am nächsten, und es könnte sich bei den Streitgesprächen zwischen Jesus und den Pharisäern durchaus um innerparteiliche Diskussionen und Auseinandersetzungen handeln. Die bedeutende Rolle von Johannes dem Täufer zu Beginn des öffentlichen Auftretens Jesu könnte ein Hinweis auf eine Beziehung zu dessen Täufersekte sein. Zu der Sekte von Qumran gibt es ebenfalls einige Parallelen, aber auch starke Unterschiede. Die negative Darstellung der Pharisäer oder der Schuld der Juden am Kreuzestod Jesu erklären sich dadurch, dass die Evangelien unter römischer Herrschaft, mit der sich die Evangelisten arrangieren mussten, geschrieben wurden. Dabei ist auch zu beachten, dass das älteste Evangelium (Markus-Evangelium) erst um 70 n. Chr. geschrieben wurde.

Jesus verkündete die Botschaft von der Herrschaft Gottes, die nahe sei und deshalb Umkehr und Buße verlange sowie das damit verbundene Doppelgebot der Liebe zu Gott und dem Nächsten: »Die Zeit ist erfüllt, das Reich Gottes ist nahe. Kehrt um, und glaubt an das Evangelium!« (Mk 1,16) und ebenso »Du sollst den Herrn, deinen Gott lieben mit ganzem Herzen, mit ganzer Seele und mit allen deinen Gedanken. Das ist das wichtigste und erste Gebot. Ebenso wichtig ist das zweite: Du sollst deinen Nächsten lieben wie dich selbst.« (Mt 22,37f). Entscheidend für seine Jünger und das spätere Christentum ist das Verständnis Jesu als Christus (von griech. *christos* = Gesalbter, das dem hebräischen Wort *Messias* entspricht). Ursprünglich bezog sich der Titel Messias im Alten Testament rein politisch auf die Erwartung eines Königs aus dem Hause Davids. Später verschiebt sich der Akzent auf eine mehr religiös-eschatologische Bedeutung, nämlich den Messias als den Gerechten und seine Herrschaft über ein durch Freiheit und Frieden gekennzeichnetes Reich. Im Frühjudentum und in der Zeit Jesu sind die Messiasvorstellungen und -erwartungen sehr vielfältig. Jesu Selbstverständnis als Messias ist umstritten, da er den Titel selbst nicht verwendete. Allerdings sah er sein Wirken als Teil der kommenden Gottesherrschaft. Die römische Regierung bzw. Pontius Pilatus als ihr Repräsentant verstand Jesus als politischen Messiasprätendenten mit dem Ziel, die Königsherrschaft Davids wieder errichten zu wollen, und ließ ihn daher als politischen Aufständischen kreuzigen.

Eine Textstelle mit einem deutlichen Auftrag Jesu zur Kirchengründung gibt es nicht, es gibt nur drei Stellen in den Evangelien, in denen von Gemeinde (Versammlung) bzw. Kirche die Rede ist (s. S. 18). Daher ist anzunehmen, dass Jesus nicht beabsichtigte, eine neue, eigene Kirche zu gründen. Vieles spricht dafür, dass er eine Reformierung des Judentums und eine Verschärfung der Tora (der Gebote) beabsichtigte, aber keine Trennung vom Judentum. In der christlichen Theologie weist man bezüglich der Kirchengründung durch Jesus daher auch eher auf sein Wirken als auf Aussagen von ihm hin und folgert daraus, dass er eine Gemeinschaft und letztlich Kirche hat gründen wollen. Als Indizien werden dafür angeführt z. B. die Auswahl von zwölf Jüngern als besonders Verantwortliche, der Auftrag an Petrus (Mt 16,18: »Du bist Petrus, und auf diesen Felsen will ich meine Kirche bauen …«) und auch der Missionsauftrag Jesu an seine Jünger nach der Auferstehung (Mt 28,19f.: »Darum geht zu allen Völkern, und macht alle Menschen zu meinen Jüngern; tauft sie auf den Namen des Vaters und des Sohnes und des Heiligen Geistes und lehrt sie, alles zu befolgen, was ich euch geboten habe.«; vgl. Mk 16,15). Auch in Mt 18,17 ist die Rede von »Gemeinde« bzw. Kirche.

Das Osterereignis der Auferstehung Jesu als Ausgangspunkt des Christentums. Matthias Grünewald, Die Auferstehung Jesu Christi, Isenheimer Altar, 1512–15, Seitenflügel

Mit Verhaftung, Prozess und Tod Jesu war die Sache Jesu aber nicht zu Ende, sondern begann erst richtig. Denn durch das Ostergeschehen und der Glaubenserfahrung der Auferstehung Jesu kam es zur entscheidenden Wende. »Gott hat ihn zum Herrn und Messias gemacht, diesen Jesus, den ihr gekreuzigt habt.« (Apg 2,36) Dieser Glaube an Jesus Christus, an seine Auferstehung und die eschatologische (endzeitliche) Erwartung der Wiederkunft (Parusie) Christi wurde zur Grundlage der Urgemeinde und zum entscheidenden Unterschied zum Judentum. Durch Predigten (besonders deutlich dargestellt am Pfingstereignis in Apg 2) gewann die Urgemeinde Anhänger. Die Apostelgeschichte des Neuen Testaments gibt Auskunft über die weitere Entwicklung von der judenchristlichen Urgemeinde in Jerusalem, über die Entstehung des

Heidenchristentums mit Antiochien als Mittelpunkt und die Heidenmission des Paulus. Es ergab sich dabei die Schwierigkeit, dass es von Jesus selbst keine Angabe zur Struktur und Organisation von Gemeinden gab, diese entstanden erst nach und nach.

Nachösterliche Gemeindebildungen in der apostolischen Zeit

Petrus, Johannes (der »Lieblingsjünger« Jesu) und Jakobus (der »Herrenbruder«, d. h. Bruder Jesu) hatten als die »drei Säulen« die Führung der judenchristlichen Urgemeinde in Jerusalem inne. Nach dem Weggang des Petrus aus Jerusalem (43/44) übernimmt Jakobus die Leitung der Gemeinde. Die Jerusalemer Urgemeinde war zunächst noch im Judentum integriert, nahm an den Gottesdiensten teil, praktizierte Beschneidung, Sabbatruhe und Speisetabus etc., war auch entsprechend der jüdischen Gemeinde organisiert und wurde von Ältesten (Presbytern) geleitet. Andererseits feierten die Judenchristen das Abendmahl (Eucharistie) in ihren Häusern und praktizierten die Taufe.

Die Trennung vom Judentum erfolgte nach und nach

Der Jerusalemer Tempel wurde 70 n. Chr. zerstört, auf seinen Mauern später der Felsendom als Moschee erbaut – die Westmauer des Tempels ist heute noch erhalten.

aufgrund von Spannungen. Diese Spannungen sind wohl auch der Grund dafür, dass die Judenchristen mit Beginn des Jüdischen Krieges (66–70) Jerusalem verließen. Inzwischen waren aber auch schon außerhalb von Jerusalem christliche Gemeinden entstanden (Galiläa, Samaria, Syrien).

Große Bedeutung erlangte die Gemeinde von Antiochien in Syrien. Antiochien wurde zum Zentrum der sog. Heidenchristen, die nicht aus dem Judentum kamen, sondern aus dem Heidentum zum Christentum übergetreten waren. D. h. hier öffnete sich die christliche Gemeinde über das Judentum hinaus der hellenistisch-heidnischen bzw. nichtjüdischen Welt. Damit wurde die Abgrenzung zum Judentum und die Identität als eigene Gemeinschaft verstärkt – und somit der Weg zur Kirche mit eigener Ordnung beschritten. Das

Die Apostel Johannes, Petrus, Markus und Paulus (von links nach rechts); Albrecht Dürer, Die vier Apostel, Öl auf Holz, 1526, München, Alte Pinakothek

Wort »Heiden« ist eine christliche, oft abwertende Bezeichnung für Nichtchristen bzw. Nichtgetaufte – in der Zeit des Urchristentums sind damit die Nichtjuden gemeint. Vor allem durch die Missionierung des Paulus wuchs die Gemeinde der Heidenchristen und es gab zunehmend Diskussionen, ja Streit über die Frage, ob und inwiefern die Heidenchristen jüdische Gebote wie Beschneidung, Reinheitsvorschriften etc. einhalten sollten. Das Apostelkonzil im Jahre 48 oder 49 befreite sie davon (Apg 15, Gal 2,11f). Bald darauf wurde auch die Tischgemeinschaft von Juden- und Heidenchristen durch Paulus – gegen den Willen von Petrus – durchgesetzt (der sog. »antiochenische Zwischenfall«, Gal 2,11). Die Entscheidungen des Apostelkonzils bedeuteten den Anfang der weltweiten Ausbreitung des Christentums. Die christliche Gemeinde trennte sich endgültig vom Judentum und es kam zur Spaltung von Juden- und Heidenchristen. Es waren die Heidenchristen, die sich erfolgreich durchsetzten und die zu den Wegbereitern der christlichen Weltkirche wurden.

Paulus und die Heidenmission

Paulus, mit jüdischem Namen Saulus, stammte aus einer jüdischen Familie mit griechischem Hintergrund in Tarsos/Kilikien (heute Türkei). Den Pharisäern nahe stehend, war er zunächst ein radikaler Verfolger der judenchristlichen Gemeinde, bis er sich um 33 oder 36 durch das Erlebnis der Erscheinung Christi vor Damaskus zum Apostel im Dienst Christi berufen fühlte. Er nannte sich jetzt Paulus und prägte von nun an entscheidend die Entwicklung des Christentums zu einer neuen Religion. Er unternahm drei Missionsreisen (45–58) nach Kleinasien und Europa, wobei er die Gemeinden in Philippi, Thessalonich (heute Thessaloniki), Athen und Korinth gründete. Paulus predigte bei seinen Missionsreisen zunächst in den jüdischen Gemeinden und den dem Judentum nahe stehenden »Heiden«. Dadurch erreichte er dann auch weitere Kreise des

Die Missionsreisen des Paulus waren der Anfang des Christentums als Weltreligion.

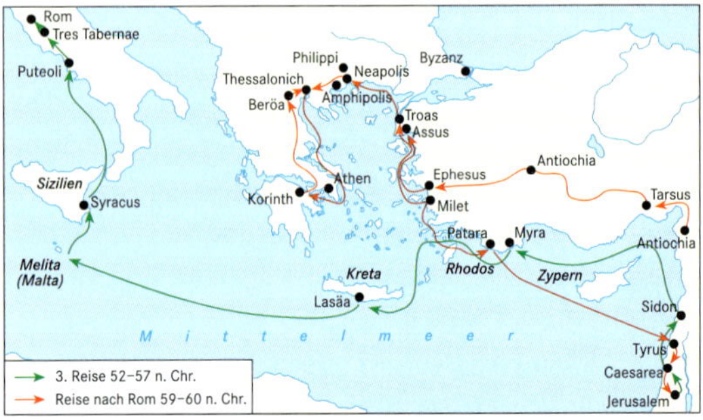

Heidentums. Die von Paulus gegründeten Gemeinden wurden von Propheten und Lehrern geführt, Presbyter werden nicht erwähnt. Schließlich wurde Paulus als Opfer der Christenverfolgung unter Nero verhaftet und – da er römischer Staatsbürger war – als Gefangener nach Rom gebracht, wo er dann im Jahre 63 oder 64 hingerichtet wurde.

Im selben Jahr erlitt auch Petrus in Rom den Märtyrertod am Kreuz und schon früh wurde die Stelle als sein Grab verehrt, an der heute der Petersdom steht. Unsicher ist, wie lange Petrus im Rom tätig war, eventuell schon seit 42/43 n. Chr., als er aus Jerusalem geflohen war. Jedenfalls gilt Petrus der Tradition nach als Gründer und erster Bischof der christlichen Gemeinde in Rom. Zuerst breitete sich das Christentum vor allem in Kleinasien und Griechenland aus. Bereits im 2. Jh. gab es überall im Römischen Reich christliche Gemeinden unter Leitung eines Bischofs, und zwar zunächst in den Städten. Anhänger des Christentums kamen aus allen Schichten.

Neben Paulus missionierten auch die anderen Apostel. Über ihre Missionstätigkeiten berichten Legenden, konkrete historische Angaben gibt es nicht. Die Mission erfolgte durch charismatische und sendungsbewusste Wanderprediger, wie Paulus einer war. Dabei war es für die Mission erfolgreicher, wenn Jesus nicht als Messias (Christus), sondern – in Anlehnung an den

Kaiserkult – als Heiland bzw. Retter (griech. = *soter*) und als Herr (griech. = *kyrios*) verkündet wurde. Kennzeichnend war vor allem die apokalyptische Vorstellung vom nahen Ende der Welt, eine »Naherwartung«: Die Missionare wollten die Welt bekehren, bevor es zu spät sei.

Fragt man nach dem Erfolg des Christentums und seiner schnellen Ausbreitung, so verdankt sich diese nicht zuletzt der Einheit des Römischen Reiches (einheitliche Verwaltungsstruktur, Sprache etc.). Im 2. Jh. hatte sich das Christentum im ganzen Römischen Reich ausgebreitet, vor allem im Osten. In Deutschland sind im 3. Jh. christliche Kultorte nachweisbar (Trier, Köln, Bonn, Augsburg).

Die apostolische Zeit, die Zeit der ersten und zweiten Generation von Christen, gilt als Zeit der unmittelbaren Offenbarung und der Grundlegung der Kirche. Die Zeit ab der dritten Christengeneration war zunächst durch die sog. apostolischen Väter (wie Klemens von Rom, Ignatius von Antiochien oder Barnabas) gekennzeichnet, die meist noch als Schüler die Apostel selbst erlebt hatten. Es folgte die Zeit der Apologeten im 2. Jh., die den christlichen Glauben nach innen und außen gegen die »Irrlehren« (heidnische Religion, Gnosis,

Die Ausbreitung des Christentums bis 600

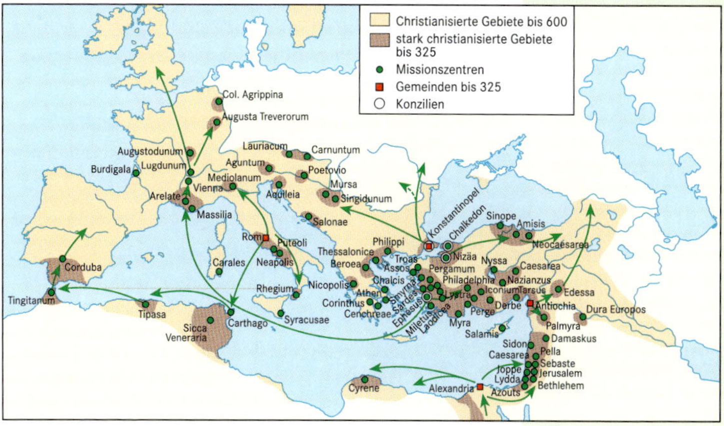

Mysterienkulte) verteidigten, und die der Kirchenväter. Ab Ende des 1. Jh.s ist die Kirche als Institution mit hierarchischer Struktur nachweisbar (vgl. die Briefe des Ignatius von Antiochien und des Polykarp).

Martyrium und Verfolgungen

In der ersten Zeit galten die Christen als Teil des Judentums, als jüdische Sekte. Als solche wurden sie geduldet, denn das Judentum war eine tolerierte, »erlaubte Religion« *(religio licita)*. Rom war fremden Religionen gegenüber tolerant, sofern sie den Staatskult nicht in Frage stellten. Aber gerade die Verehrung des Kaisers und der römischen Götter lehnten die Christen ab und wurden somit als Staatsfeinde angesehen. Hinzu kam, dass man für Krisen aller Art den Christen als Sündenböcken die Schuld gab. Der Tod bei Schaukämpfen (gegen Gladiatoren oder wilde Tiere wie Löwen) in der Arena war eine Form staatlicher Strafe, daneben gab es die Hinrichtung, vor allem den Tod am Kreuz, – und natürlich die nichtstaatliche Tötung durch eine aufgebrachte Menge. Die so für das Bekenntnis ihres Glaubens als Blutzeugen gestorbenen Christen wurden als **Märtyrer** (griech. = Blutzeuge) verehrt. Daraus entwickelte sich dann später die Heiligenverehrung. Seit dem 2./3. Jh. wurden die Gräber von bekannten Märtyrern verehrt, man feierte dort die Eucharistie und bat um ihre Fürsprache. Im 4. Jh. galten Maria, die Apostel, biblische Gestalten, die frühen Mönche, Bischöfe und Kirchenväter als Heilige. Seit dem 5. Jh. begann sich die Heiligenverehrung immer mehr durchzusetzen. Verbunden damit war das Auffinden und die Übertragung von Reliquien (lat. *reliquae* = Überreste, z. B. Gebeine, Kleidungsstücke des Heili-

Katakomben in Rom waren Begräbnisstätten des frühen Christentums wie hier die Priscilla-Katakombe.

gen und von ihm berührte Gegenstände) in Kirchen und Altäre. Der Reliquienkult erlebte zeitweise durch Nachfrage eine Hochkonjunktur, indem ein reger Handel mit Reliquien betrieben oder diese sogar geraubt wurden (wie die Gebeine der Hl. Drei Könige im Kölner Dom). Neben der Reliquienverehrung erweiterte sich die Heiligenverehrung durch bildliche Darstellungen, Heiligenlegenden, Wallfahrten, Prozessionen etc. Die evangelische Kirche lehnt die Heiligenverehrung ab. Erstmals wurde nachweisbar der Bischof Ulrich von Augsburg (890–973) am 31.1.993 von Papst Johannes XV. heiliggesprochen.

Als **Verfolgungswellen** sind vor allem zu nennen:

• Die ersten Verfolgungen in Rom unter Kaiser Nero (37-68) im Jahr 64, denen u. a. Petrus und Paulus zum Opfer fielen. Sie waren durch den Brand von Rom bekannt geworden, den Nero selbst verursacht, für den er aber die Christen verantwortlich gemacht hatte. Hier treten die Christen erstmals als eigene Gruppe auf.

• Spontane und sporadische Verfolgungen lokaler Art, die von der Bevölkerung ausgingen und nicht vom Staat verordnet wurden. Dazu gehörten auch die Verfolgungen unter Kaiser Domitian (51–96) um 95/96 n. Chr. in Rom und Kleinasien, als deren Folge wohl Johannes nach Patmos verbannt wurde.

• Staatlich angeordnete Verfolgungen im gesamten Römischen Reich in der Zeit des 3. Jh.s bis Anfang des 4. Jh.s, so etwa unter Kaiser Decius (um 200–251) in der Mitte des 3. Jh.s, der aufgrund einer politischen Krise den römischen Staat und den Staatskult erneuern wollte. Es wurde ein Opferedikt erlassen und der Vollzug des Weihrauchopfers für den göttlichen Kaiser kontrolliert. Unter den Christen kam es zum Streit um die Abtrünnigen *(lapsi)*, die vorgaben, Opfer für den Kaiser durchgeführt zu haben, um nicht verfolgt zu werden. Novatian (200–ca. 258), der Presbyter in Rom

Der Fisch war vor allem in Zeiten der Verfolgung das Symbol des frühen Christentums. Relief aus Ermant, 4. Jh., Kalkstein. Paris, Musee du Louvre

war, forderte eine strenge Behandlung dieser Christen. In der Auseinandersetzung mit Papst Cornelius um diese Frage gründete Novatian eine Gegenkirche, die als »Kirche der Heiligen« bis ins 4. Jh. bestand.

- Die schwersten Verfolgungen unter Kaiser Diokletian (gest. 313/316) ab 303, der die römische Religion wiederherstellen und deshalb das Christentum (inzwischen 10 % der gesamten Bevölkerung des Römischen Reiches) vernichten wollte. Er befahl die Zerstörung der Kirchen und die Verbrennung der heiligen Schriften. Bei dieser Verfolgung spalteten sich die Donatisten (s. S. 38) ab.

Auch Kaiser Galerius, der Nachfolger Diokletians, verfolgte die Christen im Osten des Reiches noch. Doch gelang es ihm ebenfalls nicht, das Christentum völlig zu vernichten; Galerius erkannte es schließlich 311 auf dem Sterbebett als *religio licita* an. Zwei Jahre später sollte unter Kaiser Konstantin das Christentum nicht nur eine geduldete, sondern eine gleichberechtigte Religion und ein paar Jahrzehnte später unter Kaiser Theodosius I. (347–396) die alleinige Staatsreligion des Römischen Reiches werden.

Die »Konstantinische Wende« – die Synthese von Kirche und Staat

Konstantin, um 285 als Sohn des Konstantius Chlorus und der Helena geboren, wuchs am Hofe Diokletians in Nicomedia auf und galt als dessen potenzieller Nachfolger.

Diokletian starb und Konstantin wurde wider Erwarten nicht sein Nachfolger, sondern flüchtete nach Gallien zu seinem Vater und wurde, als dieser ein Jahr später starb, von den römischen Truppen in Britannien zum Kaiser ausgerufen. Konstantin verstand es, sich im Westen zu behaupten. 312 zog er Richtung Italien gegen seinen Konkurrenten Maxentius, dem Nachfolger Diokletians, um Rom zu erobern. Konstantin soll in der Nacht vor der Schlacht an der Milvischen Brücke die Vision eines Kreuzes mit der Verkündigung »In diesem Zeichen wirst du siegen« gehabt haben und errang dann einen Sieg gegen Maxentius. Dies war die Wende Konstantins zu einer positiven Einstellung zum Christentum, die ihm als Anhänger des auch als Sonnengott verehrten Apoll in gewisser Weise etwas erleichtert wurde. Von nun an förderte und unterstützte er das Christentum. Aber gleichzeitig ließ er den römischen Staatskult bestehen und blieb weiterhin *Pontifex maximus* (= oberster Priester – ein Titel, den später der Papst übernahm). In dem sog. Toleranzedikt von Mailand 313 entwarf Konstantin mit seinem Mitregenten Licinius im Osten ein Programm, das dem Christentum völlige Gleichberechtigung neben den anderen Religionen im Staat garantierte und es somit förderte. Das Christentum hatte danach völlige Religionsfreiheit, war aber noch nicht die alleinige Staatsreligion des Römischen Reiches (dies erfolgte erst später unter Kaiser Theodosius d. Gr.), denn noch war die Mehrheit des Römischen Reiches (95 %) nichtchristlich.

Kaiser Konstantin, Kopf einer Kolossalstatue

Konstantin veranlasste den Bau bedeutender Kirchen: die Lateranbasilika, der erste Bau des Petersdomes über dem Grab des Apostels Petrus, die Grabeskirche in Jerusalem, die Geburtskirche in Bethlehem (durch seine Mutter Helena) und der erste Bau des

Der Dom von Trier, dessen ersten Bau Kaiser Konstantin d. Gr. veranlasste

Doms in Trier. Dem Papst schenkte er 313 den Lateranpalast als Residenz und gründete Konstantinopel (bis dahin Byzanz, heute Istanbul) als neue, christliche Hauptstadt des Römischen Reiches. Er wollte das Christentum nicht nur in den römischen Staat eingliedern, sondern zu einer universalen Religion in seinem Reich machen, und deshalb war er auch sehr an der Einheit des Christentums interessiert. So wirkte er auch in innerkirchlichen Angelegenheiten mit und versuchte in den Streitereien mit den Arianern (s. S. 34) und Donatisten (s. S. 38) zu vermitteln, um eine Spaltung des Christentums zu verhindern. Er berief eine Synode in Rom (313) und ein Konzil in Arles (314) ein, um eine Spaltung durch die Donatisten zu verhindern – sogar mit Waffengewalt, als die Donatisten sich widersetzten. Vor allem aber berief er das Konzil von Nizäa 325 ein mit dem Ziel der Einheit der Kirche gegenüber den Bewegungen der Donatisten und Arianer. Konstantin verstand sich als christlicher Kaiser, er sah sich als »Bischof im äußeren Bereich« und beanspruchte dementsprechend eine Führungsfunktion im kirchlichen Bereich, so wie sie ihm als *Pontifex maximus* im römischen Staatskult zukam. So wirkte er bei der Besetzung von Bischofsstühlen und bei der Arbeit der Synoden mit. Generell ist seit Konstantin nicht nur die Tendenz zu einem christlichen Staat, sondern auch zu einer Verstaatlichung der Kirche zu beobachten. Konstantin erzog seine Kinder christlich, er selbst ließ sich aber erst kurz vor seinem Tod (Pfingsten 337) durch den arianischen Bischof Eusebius von Nicomedia taufen. Er wurde in der Apostelkirche in Konstantinopel bestattet, und in der orthodoxen Kirche wird er als Heiliger, Apostelgleicher und als 13. Apostel verehrt. In der

Kaiser Konstantin, Fuß einer Kolossalstatue, dessen Größe auf das Selbstverständnis Konstantins als Kaiser schließen lässt. Kopie anlässlich einer Konstantin-Ausstellung in Trier 2007

westlichen Kirche galt Konstantin im Mittelalter als der Typus des christlichen Herrschers schlechthin.

Die Herrschaft Konstantins gilt als Wendepunkt von der verfolgten und verbotenen Kirche zur römischen Staatsreligion und ist für die weitere Entwicklung des Christentums bis hin zur Weltreligion entscheidend. Die zeitgenössischen Christen begrüßten die Wende, die Einmischung Konstantins in innerkirchliche Angelegenheiten wurde nicht kritisiert. Es bleiben Fragen offen, so z. B. ob Konstantin das Christentum mehr aus politischen Gründen oder mehr aus religiöser Überzeugung förderte. Oder die Frage nach der Ursache des Sieges der christlichen Religion: der Verfall des Heidentums, die erfolgreiche Mission oder die karitativen Aktivitäten – dies alles sind mögliche Gründe.

Konstans (337–350) und Konstantius (350–361), die Söhne Konstantins, setzten dessen Kurs fort. Kaiser Julian (361–363), genannt der »Abtrünnige«, führte noch einmal eine Rückwende zum Heidentum durch. Aber schon sein Nachfolger Kaiser Jovian (331–364) unterstützte wieder das Christentum. Unter Gratian (375–383), Kaiser in der Westhälfte des Reiches, und Theodosius d. Gr. (379–394), Kaiser in der Osthälfte des Reiches, wurde das Christentum zur alleinigen Staatsreligion im gesamten Römischen Reich. In einem kaiserlichen Edikt *(Cunctos populos)* von 380 wurde die Annahme des Christentums befohlen, die Ausübung der heidnischen Opferkulte wurde im Jahr 392 verboten und unter Strafe gestellt. Somit war die christliche Kirche jetzt Reichskirche geworden.

Das Amt des Bischofs änderte sich von dem eines Aufsehers und Dieners der Gemeinde zum Beamten und Würdenträger mit entsprechenden Privilegien (Steuerfreiheit, Gerichtsbarkeit in Zivilprozessen, an denen Christen beteiligt waren) sowie Titeln und Ehrenrechten. Sichtbar wurde dies an Insignien, die bis heute den (katholischen) Bischof prägen, wie z. B. Kopfbedeckung, Ring, Schuhe, Thron, Weihrauch oder

Die Spätantike: von einer Sekte zur Staatskirche (bis 500 n. Chr.)

Die Basilika Santa Sabina in Rom (422–32) verkörpert den ersten Typus von Kirchenbauten im Westen.

Handkuss – in formaler Anlehnung an römische Vorbilder. Verbunden damit war eine zunehmende Bedeutung der kirchlichen Ämter und eine Hierarchie der Ämter. Der Gottesdienst wurde nun öffentlich abgehalten, es entstanden Prachtbauten, die im Westen der römischen Basilika (Langhalle) entsprachen, im Osten bevorzugte man Zentralbauten. Die neue Macht der christlichen Kirche zeigte sich aber auch negativ darin, dass aus den Verfolgten nicht selten Verfolger der »Gottlosen« wurden, wozu auch die Juden zählten.

Die Konkurrenz der Kirche – Gnosis, Manichäismus und Mysterienkulte

In der Auseinandersetzung des frühen Christentums mit den Religionen, den religiösen und philosophischen Bewegungen der hellenistischen Kultur nach außen und den verschiedenen christlichen Glaubenslehren und -ansichten nach innen gewann die Kirche durch die Besinnung auf das Eigene immer stärker an Profil und Einheit. Und es zeigt sich hier schon früh, dass Kirchengeschichte auch immer eine Geschichte der Glaubensauseinandersetzung ist. Das Glaubensbekenntnis und die Glaubensgrundsätze des Christentums entstanden in einer langen Zeit der Auseinandersetzung und des Streites über den wahren Glauben.

Das griechische Wort **Gnosis** bedeutet »Erkenntnis« und bezeichnet im ursprünglichen Sinn eine religiöse Weltanschauung bzw. religiöse Bewegung der Antike in der Zeit von 100 v. Chr. bis 400 n. Chr., die ihren Höhepunkt im 2. Jh. n. Chr. hatte und christliche Vorstellungen aufnahm. Wie der Name schon sagt, ist das Hauptziel der Gnosis, Erkenntnis im spirituellen Sinn zu erlangen. Kennzeichnend war eine dualistische Weltanschauung: Der Glaube an eine positiv bewertete höchste, aber jenseitige und ferne Gottheit in der obersten Sphäre, in der absolut reinen Geisteswelt (griech. *pleroma* = die Welt der Fülle). Dazu eine negative Bewertung der diesseitigen, materiellen Welt, in der sich der Gnostiker als fremd und einsam empfindet, und eine entsprechende »No Future«-Haltung sowie ein kosmischer Dualismus, der vor allem den Gegensatz von Welt und Gott, Welt und Mensch sowie Materie und Geist betont. Die diesseitige, materielle Welt wird negativ gesehen, denn sie wurde von einem *Demiurgos* (= Handwerker), einem bösen oder unwissenden Schöpfergott, erschaffen. Himmlische Mächte, Planeten und Archonten sind die Helfer dieses Demiurgos. Aus der reinen, göttlichen Geisteswelt sind – quasi durch einen Unfall – göttliche Lichtfunken in die diesseitige Welt gefallen und werden hier gefangen gehalten, bis sie »erlöst« werden bzw. zu ihrem Ursprung in der geistigen Welt zurückkehren können. Diese göttlichen Funken sind auch in bestimmten Menschen vorhanden, eben den Gnostikern, die erkennen und wissen, dass mit diesen Funken ein Teil der höchsten Gottheit in ihnen existiert. Diese Erkenntnis, die durch einen Erlöser aus der obersten Sphäre vermittelt wird, bedeutet gleichzeitig Befreiung und Erlösung. Und diese Vorstellung ist der Verbindungspunkt zur Aufnahme christlicher Ideen in die Gnosis, indem man Jesus als diesen Erlöser ansah.

Die Spätantike: von einer Sekte zur Staatskirche (bis 500 n. Chr.)

Dualistisches Denken in Gegensätzen wie Leben - Tod, Diesseits - Jenseits war kennzeichnend für Gnosis und Manichäismus. Sarkophag im Kreuzgang des Bonner Münsters

Gegen die Gnosis in ihren verschiedenen Formen (Marcioniten, Valentianer, Sethianer) zogen vor allem Justin, Irenäus von Lyon (ca. 135–202), Clemens von Alexandrien (um 150–um 215), Hippolyt von Rom (um 170–235), Origenes (185–254), Epiphanius von Salamis (um 315–403) und Tertullian (160–220) in ihren Schriften zu Felde. Sie wurden daher auch als Apologeten, als Verteidiger des Christentums bekannt. Origenes (»Gegen Celsius«, »De Principiis«) wirkte in Alexandrien und Cäsarea. Er studierte bei Clemens von Alexandrien und wurde 203 dessen Nachfolger als Katechet. Mehrmals als Häretiker verurteilt und ins Exil geschickt, starb er, nachdem er von den Römern gefoltert worden war. Irenäus (»Gegen die Häresien«) war Missionar, Apologet und Bischof von Lyon, wo er auch als Märtyrer gestorben sein soll. Tertullian (»Beschreibung der Häretiker«) war Sohn eines römischen Offiziers und bekehrte sich als Erwachsener zum Christentum. Da er später Anhänger des Montanismus wurde, gilt er nicht als Kirchenvater.

Eine weltweite Ausbreitung erlebte die Gnosis in der von Mani (ca. 216–277) gestifteten Weltreligion des **Manichäismus**. Während ausgedehnter Missionsreisen verkündete Mani, der sich als »Apostel des Lichtes«

verstand, seine Lehre von Persien bis Indien. Wurde die Religion Manis zunächst im Reich der Sassaniden großzügig toleriert, waren schließlich die Priester der Religion des Zoroastrismus gegen Mani erfolgreich, sodass Mani unter dem neuen Herrscher Vahram I. am 26. 2. 277 hingerichtet und sein Leichnam verstümmelt wurde. Seine Anhänger verglichen Manis Ende mit der Passion Jesu Christi. Die Lehre Manis geht von einem ausgeprägten Dualismus aus (gut - böse, Licht - Finsternis, Gott - Widergott etc.). Hatte der Manichäismus bis ins frühe Mittelalter Erfolge, anfangs sogar als eine ernste Konkurrenz zum Christentum, fand er im 15. Jh. sein Ende.

Über die **Mysterienkulte**, antike Geheimkulte, wissen wir aufgrund der Geheimhaltung letztlich wenig. Der Name Mysterienkulte (von griech. *mysterion* = Geheimnis, auch: geheime Feier) bezieht sich auf eine geheime, nur einem Kreis von Eingeweihten, den Mysten, zugängliche Form von Religion im Unterschied zur offiziellen, allen zugänglichen, öffentlichen Religion in der Antike. Im Mittelpunkt des Kultes standen Götter der Fruchtbarkeit und Vegetation (wie Mithras, Dionysos, Isis und Osiris), die die Vorstellung vom leidenden, sterbenden und wiederauferstehenden Gott verkörperten. Die Mysterienkulte boten dem Einzelnen individuelle Erlösung, Heil und Seligkeit nicht nur im jenseitigen, sondern auch schon im diesseitigen Leben. Die Mysterienkulte waren synkretistisch, eine Mischung aus griechischen, altägyptischen und altorientalischen Glaubensvorstellungen und dieses Exotische und Fremde machte nicht zuletzt ihre Faszination aus. Die dem Christentum ähnliche Idee vom leidenden, sterbenden und wiederauferstehenden Gott, der als Erlöser erfahren wurde, machte die Mysterienkulte zunächst zu einer besonders gefährlichen Konkurrenz des Christentums. Aber das Christentum siegte in diesem Konkurrenzkampf, weil es attraktiver erschien, zum anderen aber auch durch gewaltsame Bekämpfung. Es ist nicht

Mithras beim Stieropfer, Römische Skulptur, 2. Jh. n. Chr., Marmor, Paris, Musee du Louvre

ganz eindeutig geklärt, ob die Mysterienkulte das Christentum beeinflussten oder umgekehrt. Bezüglich der Idee des *Sol Invictus* (des unbesiegbaren Sonnengottes) oder des Geburtsfestes des Mithras als Sonnengott am 25.12. ist eine christliche Übernahme aus dem Mithraskult wahrscheinlich (Christus als *Sol Invictus*, Datum des Weihnachtsfestes).

Zwischen Orthodoxie und Häresie – der innerkirchliche Kampf

Bei den innerkirchlichen Auseinandersetzungen ging es vor allem um Trinitätslehre (Wie ist das Verhältnis zwischen Gottvater, Jesus Christus und dem Heiligen Geist?) und Christologie (Ist Jesus mehr göttlicher oder mehr menschlicher Natur?). Diese Fragen standen im Vordergrund der frühen Ökumenischen Konzilien in Nizäa, Konstantinopel, Ephesus und Chalcedon (s. S. 39). Diese Konzilien waren Versammlungen der gesamten Kirche und behandelten Fragen, die die gesamte Kirche betrafen, und die Ergebnisse wurden von der gesamten Kirche angenommen (daher die Bezeichnung »ökumenisch«). Im Zuge der innerkirchlichen Lehrstreitigkeiten bildete sich die Orthodoxie als rechte Lehre heraus und festigte sich. Die Kirche gewann damit an eigenem Profil.

Der **Arianismus** geht auf den Presbyter Arius (gest. 336) aus Alexandrien zurück und führte während des ganzen 4. Jh.s zu innerkirchlichen Streitigkeiten. Arius lehrte, dass Christus nicht wesensgleich mit Gottvater ist, sondern nur »wesensähnlich« und Gottvater untergeordnet (Subordination). Gottvater ist nach Arius ungezeugt, nicht geschaffen, ohne Anfang, ewig und somit wahrer Gott. Dem Sohn als *Logos* (= Wort) kommen diese Eigenschaften nicht zu, er ist gezeugt und geschaffen – der Sohn »war nicht, bevor er gezeugt wurde«, wie es Arius formulierte. Als Gegner des Arius trat Athanasius (um 295–373) auf, ein Diakon des Bischofs Alexander von Alexandrien. Er argumentierte gegen Arius: Der Sohn ist der Erlöser der Welt, also kann er nicht selbst erlösungsbedürftig sein. Arius spaltete die Ostkirche, er fand sowohl Zustimmung und Anhänger als auch Ablehnung.

Arius wurde von Bischof Alexander exkommuniziert, von anderen Synoden wieder rehabilitiert. Der sog. Arianismusstreit zog sich von 318–381 hin. Kaiser Konstantin d. Gr. berief im Jahr 325 das Konzil von Nizäa ein, um den Streit um die Lehre des Arius zu beenden. Arius wurde auf dem Konzil von Nizäa verurteilt. Das Konzil entschied gegen Arius und setzte das Glaubensbekenntnis entgegen, das über Christus aussagt: »wahrer Gott von wahrem Gott, gezeugt, nicht geschaffen, eines Wesens mit dem Vater«. Während Konstantin die Ablehnung des Arius auf dem Konzil von Nizäa aktiv betrieben hatte, änderte er seine Meinung später. Er und auch sein Sohn Konstantius waren nun für einen abgemilderten Arianismus offen, wahrscheinlich aus taktisch-politischen Gründen. Später vermischte sich die Auseinandersetzung um den Arianismus und um die Person des Athanasius mit den politischen Konflikten zwischen den beiden Söhnen Konstantins. Während die Westkirche an dem Glaubensbekenntnis von Nizäa festhielt, gab es in der Ostkirche arianische Bestrebungen. Nicht nur Athanasius, auch Gregor von Nyssa, Gregor von Nazianz und Augustinus traten gegen den Arianismus auf. Eusebius von Nicomedia und seine Anhänger, die Eusebianer, vertraten eine mittlere Position und lehnten den Arianismus nicht ganz ab. Die Verurteilung des Arianismus wurde erst unter Kaiser Theodosius d. Gr. in die Praxis umgesetzt, indem er die Gültigkeit des Glaubensbekenntnisses von Nizäa in einem Edikt von 380 verbindlich festlegte. Von nun an wurde der Arianismus bekämpft und die arianischen Bischöfe vertrieben. Der Arianismusstreit wurde mit dem Konzil von Konstantinopel 381 beendet, wo sich die gesamte Kirche auf das, gezielt gegen den Arianismus erweiterte, »Große Glaubensbekenntnis« einigte. Dabei wurde betont: Gott ist ein Wesen (griech. *ousia*) in drei Existenz- bzw. Erscheinungsweisen (griech. *hypostaseis*), in drei Personen, bezeichnet als Dreifaltigkeit. Der Arianismus konnte sich aber dennoch bis ins 6. Jh. behaupten und fand vor allem auch bei der Missionierung der Germanen und Vandalen Aufnahme.

Zeitlich und sachlich parallel neben dem Arianismusstreit um die Trinitätslehre verlief der **nestorianische Streit** um die Christologie. Es ging um die Frage nach der Natur bzw. dem Wesen Jesus. Als Antwort gab es drei Möglichkeiten: mehr göttlich, mehr menschlich und sowohl göttlich als auch menschlich. In dem christologischen Streit standen sich die Schulen von Alexandrien und Antiochien gegenüber. Letztlich ging es bei dem nestorianischen Streit auch um Vorrangstellung der Patriarchate von Alexandrien, Antiochien und Konstantinopel.

Die antiochenische Schule, von Artistoteles geprägt, betonte die Trennung der beiden Naturen in Christus und hob die menschliche Natur hervor. Diese Lehre vertrat auch Nestorius (gest. um 451), der Bischof von Konstantinopel. Nestorius wandte sich daher auch gegen die Bezeichnung von Maria als »Gottesgebärerin« und sprach stattdessen von »Christusgebärerin«.

Die alexandrinische Schule, von Platon geprägt, be-

Das Konzil von Nizäa 325, mit Kaiser Konstantin d. Gr. im Vordergrund. Fresko, um 1600, Rom, Biblioteca Vaticana

Die Hagia Sophia in Konstantinopel (Istanbul) ist eine der wichtigsten frühen Kirchen, die nach der Eroberung Konstantinopels 1453 in eine Moschee umgewandelt wurde.

tonte die Einheit und die göttliche Natur Jesu. Hauptvertreter waren Kyrill (gest. 444), der Bischof von Alexandrien, und der Mönch Eutyches aus Konstantinopel. Für Eutyches war der Leib Christi nur ein Scheinleib, der nur wie ein menschlicher Körper ausgesehen habe. Diese Lehre von der einen, der göttlichen Natur Christi, nennt man Monophysitismus.

Kaiser Theodosius II. (401-450) berief zur Klärung des Streites 431 ein Konzil nach Ephesus ein. Dabei setzte Kyrill von Alexandrien durch, dass Nestorius als Bischof abgesetzt und exkommuniziert wurde. Das Konzil beschloss, dass Maria als Gottesgebärerin zu bezeichnen sei. Die unterlegenen Antiochener initiierten ein Gegenkonzil, das aber nicht anerkannt wurde. Auf dem Konzil von Chalcedon (heute ein Stadtteil von Istanbul) 451, dem größten und letzten Konzil der gesamten Kirche, kam es zur Entscheidung: Danach ist Christus eine Person in zwei Naturen, der göttlichen und menschlichen. Dabei wurde in Bezug auf die beiden Schulen noch einmal betont, dass die beiden Naturen unvermischt (gegen die alexandrinische Schule) und ungetrennt (gegen die antiochenische Schule) seien. Obwohl damit die radikalen Standpunkte abgelehnt wurden, war dieses Bekenntnis lange umstritten. Es kam zur ersten Spaltung der Kirchen: Rom, Konstantinopel und Jerusalem folgten den Entscheidungen des Konzils, während einige Bischöfe von Alexandrien und Antiochien bzw. die aus diesem Streit entstandenen (alt)orientalischen Kirchen nicht

Pantokrator Jesus, Katharinenkloster Sinai, 6. Jh.

den Entscheidungen von Chalcedon folgten. So blieben die altorientalischen Kirchen (z. B. die koptische oder syrische Kirche) bei ihrer monophysitischen Einstellung und trennten sich damit nicht nur von der Westkirche, sondern auch von der byzantinischen Ostkirche ab. Es war das erste Schisma der Kirchengeschichte.

Begründer des **Donatismus** war Donatus (gest. um 355), der vor allem von Cäcilian und Augustinus bekämpft wurde. Nach der Lehre des Donatus ist die Spendung der Sakramente nur dann gültig, wenn derjenige, der sie spendet, ein volles Mitglied der kirchlichen Gemeinschaft und kein abtrünniger Geistlicher ist. Damit wird die sittliche Qualität des Spenders über die Kraft des Sakramentes gestellt. Im donatistischen Streit lehnte die Kirche die Lehre des Donatus ab, was wesentlich die Entwicklung der römisch-katholischen Sakramentslehre beeinflusste.

Im **pelagianischen Streit**, der sich in mehreren Phasen von 411–529 hinzog, ging es um die Gnadenlehre bzw. die Frage, ob der Mensch durch die Gnade Gottes oder durch sein eigenes Handeln bzw. Bemühen zum Heil gelangt. Benannt ist der Streit nach dem Mönch Pelagius (gest. um 418) aus Britannien, weitere Vertreter waren Caelastius, Julian von Eclanum, Johannes Cassian und Cäsarius von Arles. Der **Pelagianismus** lehnte die Vorstellung von der Erbsünde ab und vertrat den Standpunkt, dass der Mensch von Natur aus gut und fähig ist, durch sein eigenes Handeln das Heil zu erlangen. Gegner des Pelagianismus war vor allem Augustinus, der davon ausging, dass der Mensch aufgrund von Adams Sündenfall von der Geburt an durch die Sünde geprägt ist (Erbsünde) und dass das Heil nur durch die Gnade Gottes für Erwählte möglich ist. Einen nicht so strikten Pelagianismus, einen sog. Semipelagianismus, vertraten Johannes Cassian und Cäsarius von Arles. Auf den Konzilien von Ephesus (431) und Orange (529) wurde der Pelagianismus verurteilt, und

Ökumenische Konzilien der Alten Kirche in der Spätantike				
Ort	Jahr	Themen	Beschlüsse	Kaiser & Teilnehmer
Nizäa	325	Arianismus Christologie	Glaubensbekenntnis: Christus ist wesensgleich mit dem Vater; d.h. Ablehnung des Arianismus	Kaiser Konstantin, Arius, Athanasius
Konstantin-opel	381	Arianismus Trinitätslehre	Großes Glaubensbekenntnis: Gott ist ein Wesen in drei Erscheinungsweisen; d.h. Verurteilung des Arianismus	Kaiser Theodosius, Gregor von Nazianz, Gregor von Nyssa
Ephesus	431	Nestorianismus Pelagianismus	Verurteilung des Nestorianismus und Pelagianismus	Kaiser Theodosius II., Kyrill von Alexandrien, Nestorius
Chalcedon	451	Nestorianismus Monophysitismus	Christus ist eine Person in zwei (göttlicher und menschlicher) Naturen; d.h. Ablehnung des Monophysitismus	Kaiser Markian, Papst Leo I.
Konstantin-opel	553	Monophysitismus (Dreikapitelstreit)	Bestätigung des Beschlusses von Chalcedon	Kaiser Justinian I., Eutychius
Konstantin-opel	680–681	Monophysitismus Monthelitismus	Ablehnung des Monophysitismus und Monothelitismus	Kaiser Konstantin IV.
Nizäa	787	Bilderstreit	Bilderverehrung erlaubt	Konstantin VI.

es setzte sich die Ansicht durch, dass die durch das Sakrament empfangene Gnade es dem Menschen ermöglicht, die eingeborene Sündhaftigkeit zu überwinden.

Das Leben in der Einsamkeit der Wüste – die Anfänge des Mönchtums

Nach der Konstantinischen Wende, um die Mitte des 3. Jh.s entstanden – als Protest gegen und Alternative zur Verweltlichung des christlichen Gemeindelebens – Eremitentum und Mönchtum. Am Anfang stehen beispielhaft Antonius für das Eremitentum und Pachomius für das Mönchtum. Erstmals lassen sich Eremiten (griech. = Einsiedler), die zurückgezogen in der Wüste lebten, in Ägypten nachweisen. Es sind die sog. Anachoreten (von griech. *anachorein* = sich zurückziehen), die nicht völlig allein, sondern in lockerer Gemeinschaft lebten und sich zu Gottesdiensten trafen. Von ihnen ist **Antonius** der erste historisch bekannte Anachoret, dessen Leben von Athanasius (»Vita Antonii« um 357) beschrieben wurde. Antonius (251–356), in Kome (Mittelägypten) geboren, entschied sich mit zwanzig Jahren für ein Leben in Einsamkeit. Er übte auf viele eine große Anziehungskraft aus, bald bildete sich eine Gemeinschaft von Anhängern seiner Lebensweise. Antonius lebte nicht ausschließlich als Eremit, sondern trat auch in der Öffentlichkeit auf, predigte in den Städten und beriet Kaiser und Bischöfe.

Pachomius (287–347), ein ehemaliger Soldat, war zunächst ebenfalls Eremit, aber gründete dann das erste Kloster in Tabennisi (Ägypten). Die Idee dabei war das Zusammenleben Gleichgesinnter nach dem Vorbild der apostolischen Urgemeinde. Sie werden als Koinobiten oder Zönobiten (griech. *koinos bios*, lat. *coinobium* = gemeinsames Leben) bezeichnet. Die Klöster bestanden aus einer Siedlung von Einzelzellen für die Mönche (lat. *monachus* = allein lebend), die insgesamt durch eine Mauer von der Welt »draußen« getrennt war. Die Mönche sollten – trotz der Gemeinschaft – für sich allein ein spirituelles Leben führen. Pachomius gründete später noch neun Klöster für Männer und zwei Klöster für Frauen, insgesamt ein Klosterverband mit 9.000 Mönchen. Pachomius erließ auch eine Ordnung für das Klosterleben mit Tagesablauf (Gebetszeiten, Arbeit etc.), Liturgie und der Organisation des Lebensunterhaltes.

Paulus-Kloster am Roten Meer, eines der frühesten erhaltenen Klöster (5. Jh.).

Eremitentum und Mönchtum breiteten sich sehr schnell im Orient aus. Für alle Gemeinschaften aber galten sehr früh die Gelübde der Armut, Keuschheit und des Gehorsams. Bei den Eremiten traten dabei auch Formen radikaler Askese auf wie bei den Styliten bzw. »Säulenheiligen«, die versuchten, ihr Leben auf dem Kapitell einer Säule zu verbringen. Für das Mönchstum in der Ostkirche wurde die Regel von Basilius d. Gr. (gest. 379, Metropolit von Kappadokien) maßgebend. Athanasius machte das Mönchstum im Westen bekannt, zum einen durch seine Verbannung nach Trier, wobei er von zwei Mönchen begleitet wurde, und zum anderen durch seine Biografie über Antonius. Augustinus ist die erste Mönchsregel für den Westen, für seine Gemeinschaft in Tagaste, zu verdanken, die bis heute in der Augustinerregel aktuell ist. Nicht nur Augustinus, auch Ambrosius von Mailand, Hieronymus, Martin von Tour und Johannes Cassian waren Wegbereiter des Mönchstums im Westen.

Mönch, Trierer Dom

Benedikt von Nursia (480–ca. 547) lebte zuerst in einer Eremitengemeinschaft bei Rom und gründete dann ein Kloster in Montecassino (529), für das er seine bekannte – unter Karl d. Gr. für den Westen allgemeingültige – Klosterregel verfasste, die das durch Beten und Arbeiten *(ora et labora)* geregelte Leben sowie die Tugenden der Armut, des Gehorsams und der Keuschheit betonte. Weitere Kennzeichen der Benediktusregel sind die patriachalische Leitung des Klosters durch einen Abt, dem als »Stellvertreter Christi« im Kloster unbedingter Gehorsam zu leisten ist, sowie die lebenslange Bindung an ein Kloster *(stabilis loci)* und die Gastfreundschaft. Auf dem Konzil von Chalcedon (451) erfolgte die generelle Regelung, dass die Klöster dem Diözesanbischof unterstehen, der auch die Erlaubnis zur Klostergründung erteilt.

Kirchenväter

Kirchenväter werden die genannt, die nicht nur als Apologeten das Christentum verteidigten, sondern sich auch theologisch mit dem Christentum beschäftigten und meistens auch Bischöfe waren (der Bischof wurde ursprünglich »Vater« genannt). Nach späterer katholischer Lehre gelten als Kirchenväter diejenigen, die sich durch rechte Lehre, heiligen Lebenswandel, kirchliche Anerkennung und die Zugehörigkeit zur Alten Kirche auszeichnen. Für die sog. Kirchenlehrer gelten dieselben Kriterien mit der Ausnahme, dass sie nicht zur Alten Kirche, sondern einer späteren Zeit angehören und dieses Kennzeichen durch das der Gelehrsamkeit ersetzt wurde. Origenes und Tertullian sind nach diesen Kriterien keine Kirchenväter, weil ihre Lehren nicht in allem mit der Kirche übereinstimmten. Origenes wurde sogar wiederholt wegen Häresie verurteilt.

Athanasius (291–373), der bekannteste Vertreter der orthodoxen Trinitätslehre und bedeutender Teilnehmer des Konzils von Nizäa, war zunächst Diakon des Bischofs Alexander von Alexandrien und wurde dann Patriarch von Alexandrien (328). Er musste mehrmals ein Leben im Exil auf sich nehmen.

Basilius (329–379) war Bischof von Cäsarea (in Kappadokien) und Gegner des Arianismus. Er gründete Klöster und ist Verfasser der für das Mönchstum der Ostkirche bis heute geltenden Ordensregel. Man nannte ihn, seinen Bruder Gregor von Nyssa und seinen Freund Gregor von Nazianz (ca. 280–374) zusammen die drei kappadokischen Väter oder die drei Kappadokier. Werk: »Fünf Bücher gegen Eunomius«.

Gregor von Nyssa (330–394), Bruder des Basilius, war beeinflusst von Origenes. Er war verheiratet, führte aber ein asketisches Leben. Er trat gegen den Arianismus auf und betonte als erster die Trennung zwischen Wesen und Personen der Dreieinigkeit. Werke: »Gegen Apollinarius«, »Über die Göttlichkeit der Sohnes und des Heiligen Geistes«.

Gregor von Nazianz (333–390), Sohn des Bischofs von Nazianz, wurde selbst Bischof von Nazianz (374) und später Patriarch von Konstantinopel (381), aber nicht sehr lange. Er war ein Gegner des Arianismus. Werk: »Theologische Reden«.

Ambrosius (340–397), geboren in Trier als Sohn des Gouverneurs von Gallien, Prätor im Norden Italiens, wurde noch vor seiner Taufe in Mailand zum Bischof ernannt (374). Er trat gegen den Arianismus auf, protestierte gegen die Massaker in Thessaloniki unter Theodosius d. Gr. und beeinflusste Augustinus. Er förderte das Mönchstum und gilt als Vater des lateinischen Kirchengesanges. Werke: »Über den Glauben«, »Über den Heiligen Geist«, »Über die Sakramente«.

Hieronymus (345–420), geboren in Dalmatien als Sohn einer christlichen Familie, förderte das Mönchstum und lebte selbst viele Jahre als Eremit. Er war als Sekretär des Bischofs Damasius von Rom tätig und lebte die letzten 35 Jahre in Bethlehem. Von ihm stammt die erste einheitliche lateinische Bibelübersetzung, die »Vulgata«, die zur offiziellen Bibel in der katholischen Kirche wurde. Werke: »Vulgata«, »Kommentare«.

Augustinus (354–430) war Sohn eines heidnischen Vaters und einer christlichen Mutter. Er führte ein wohlhabendes Leben, studierte Philosophie in Karthago und trat zur Religion des Manichäismus über. Durch den Einfluss von Ambrosius erfuhr sein Leben eine Wende und er trat im Jahr 386 zum Christentum über. In Hippo Regius (heute Annaba in Algerien) war er zunächst Presbyter und wurde dann 396 zum Bischof ernannt. Er war nicht nur Gegner des Manichäismus, sondern auch des Donatismus und Pelagianismus. Seine beiden bekanntesten Werke sind »Bekenntnisse« (*Confessiones*, eine Autobiografie bis zu seinem Übertritt zum Christentum) und »Vom Gottesstaat« *(De civitate Dei)*. »Vom Gottesstaat« ist eine heilsgeschichtliche Deutung der Geschichte der Menschheit als Kampf zwischen Glauben und Unglauben. Darin unterteilt Augustin dualistisch die Welt in gut und böse, in

Augustinus ist der bedeutendste Kirchenvater, dessen Lehren bis heute in der Kirche nachwirken. Michael Pacher, Der Teufel hält dem Heiligen Augustinus das Buch der Laster vor, 1483, Öl auf Holz, 103 x 91 cm, Kirchenväteraltar aus dem Augustinerchorherrenstift (rechter Flügel, Außenseite). München, Alte Pinakothek

einen himmlischen Gottesstaat *(civitas dei)* und einen irdischen Staat des Teufels *(civitas diaboli)*. Die Menschen teilt Augustinus ein »in solche, die nach Gott, und solche, die nach dem Menschen leben«, d. h. in eine nach dem Willen Gottes und in seiner Liebe lebende Bürgerschaft Gottes und eine dem Fleisch und dem Teufel verfallene, Gott verachtende Bürgerschaft der Welt. Die Mitglieder der Kirche bestehen aus beiden Bürgerschaften und deshalb ist die Kirche nicht mit dem Gottesstaat gleichzusetzen. An diesem dualistischen Denken zeigt sich besonders deutlich die Vergangenheit Augustins als Manichäer.

Bis heute ist Augustin in der Westkirche der bedeutendste Theologe. Er vertrat eine Prädestinationslehre, ferner die leibfeindliche Verbindung von Erbsünde und Sexualität sowie die Idee der Zwangsbekehrung und des gerechten Krieges und beeinflusste damit maßgeblich die Kirche und Theologie bis heute.

Johannes Chrysostomos (374–407) war Sohn eines römischen Offiziers und als bedeutender Prediger bekannt, daher auch sein Beiname »Goldener Mund«. Er lebte als Mönch. 397 wurde er Patriarch von Konstantinopel. Kaiserin Eudoxia verbannte ihn, und er starb im Exil. Werke: »Über das Priestertum«, »Predigten«.

Kyrill von Alexandrien (376–444), bedeutender Theologe und Patriarch von Alexandrien, war Gegner von Chrysostomos und Nestorius sowie bekannt für seine Marienverehrung. Werke: »Gegen Nestorius«, »Gegen Julian den Abtrünnigen«.

Im 1. Jh. leiteten die Apostel die Gemeinden, ihnen unterstanden die Presbyter (Ältesten) und Diakone. Das Amt des Bischofs war zuerst mit dem des Presbyters verbunden. Im 2. Jh. unterschied man zwischen Presbytern und Bischöfen. Eine Gemeinde wurde nun von einem Bischof, den Ältesten und den Diakonen geleitet. Ein Diözesanbischof war für mehrere Gemeinden eines Gebietes verantwortlich. Es gab fünf große Patriarchate: Rom, Konstantinopel, Jerusalem, Alexandrien und Antiochien. Die christlichen Gemeinden, die sich durch die Missionierung bildeten, waren selbstständige, gleichrangige, aber durchaus unterschiedliche Ortskirchen. Auf Synoden (griech. = Zusammenkünfte) ab dem 2. Jh. wurden Fragen der Ordnung, Lehre oder Liturgie der Kirche besprochen und so eine gemeinsame Basis geschaffen.

Im 3. Jh. betont Cyprian die Vorrangstellung des Bischofs von Rom. Das Konzil von Nizäa unterscheidet die Erzbischöfe in den größeren Städten von den Landesbischöfen. Nachdem Kaiser Konstantin seine Residenz von Rom nach Konstantinopel verlegt hatte, gewann der Patriarch von Konstantinopel immer mehr an Einfluss. Im 4. Jh. kam es nicht zuletzt durch die Lehrstreitigkeiten zu Auseinandersetzungen zwischen Ost und West. Vor allem der Arianismus und der Fall Athanasius spielten dabei, verbunden mit nationalpolitischen Faktoren, eine bedeutende Rolle. Auf dem Konzil von Konstantinopel (381) konnten die Streitereien noch einmal beigelegt werden. Es wurde betont, dass dem Patriarchen von Konstantinopel nach dem Bischof von Rom eine Vorrangstellung zukäme, vor den Patriarchen von Alexandria, Antiochia und Jerusalem – die ebenfalls besonders erwähnt wurden. Mitte des 5. Jh.s beanspruchte Leo I. (440–461) unter Berufung darauf, dass er Bischof von Rom, Patriarch der lateinischen, westlichen Kirche und nicht zuletzt der Nachfolger des Petrus sei, die Autorität über die gesamte Kirche, also auch über die Ostkirche. Unter ihm erlangte das Papsttum seine Gestalt.

Petrus, als dessen Nachfolger die Päpste gelten (Trier)

Für die frühchristliche Gemeinde waren Taufe, Eucharistie und Buße von zentraler Bedeutung. Eine Theologie der

Sakramente oder die sieben Sakramente nach der katholischen Auffassung kannte man noch nicht, sie entstanden erst im 12. Jh. Die Aufnahme bzw. Einweihung (Initiation) ins Christentum erfolgte von Anfang an durch die Taufe. Seit der frühchristlichen Zeit war das Katechumenat die Vorbereitungszeit für den Täufling, das zwei bis drei Jahre dauerte. Für die Aufnahme ins Christentum war ein »christlicher« Lebenswandel Voraussetzung, bestimmte Berufe waren verboten bzw. mussten aufgegeben werden (wie Soldat, Zuhälter oder Schauspieler). Zu dem von einem Bischof zusammen mit Presbytern und Diakonen vorgenommenen Taufritus gehörte das Taufbad, die Handauflegung und die Stirnsalbung sowie die Eucharistiefeier. Die Taufe war anfangs eine Erwachsenentaufe, erst im 5./6. Jh. wurde die Säuglingstaufe üblich.

Die Eucharistie (griech. = Danksagung) war im Urchristentum ein Gemeinschaftsmahl zur Erinnerung an das letzte Abendmahl Jesu und seinen Tod sowie eine Vorwegnahme des endzeitlichen Freudenmahles. Von Anfang an war die Eucharistie die zentrale liturgische Feier am Sonntagabend. Sie war anfangs mit einem Gemeinschafts- bzw. Sättigungsmahl (griech. *agape*, = Liebesmahl) verbunden. Im 1. Jh. trennte man Eucharistie und Agape. Ab dem 4. Jh. feierte man die Eucharistie täglich, aber der Empfang der Kommunion war von da an für lange Zeit in der Regel dem Priester vorbehalten. Wichtig und gleichzeitig unterschiedlich war schon sehr früh das Verständnis von Brot und Wein. Zum einen verstand man die eucharistischen Elemente direkt und real als Leib und Blut Christi (z. B. Ambrosius) oder im übertragenen Sinne als Hinweis auf Leib und Blut Christi (z. B. Augustinus).

Eine ausgeformte Bußliturgie gibt es seit dem 3. Jh. Es erfolgte bei schweren Sünden ein öffentliches Sündenbekenntnis vor der Gemeinde im Bußgewand. Der Sünder wurde exkommuniziert, je nach Schwere der Sünde für einige Wochen oder Jahre. Nach dieser Bußzeit wurde er durch Handauflegung des Bischofs wieder in die Gemeinde aufgenommen. Seit der Konstantinischen Wende wurde dieses Verfahren in die private Beichte und im Mittelalter in die Ohrenbeichte umgewandelt.

Taufe als Entreebillet ins Christentum; Taufbecken im Trierer Dom

Von Anfang an war das Abendmahl bzw. die Eucharistie das zentrale Ereignis der christlichen Liturgie. Leonardo da Vinci, Das Abendmahl, 1495–97, Fresko, 460 x 880 cm. Mailand, Kloster S. Maria delle Grazie, Refektorium

Die frühchristliche Frömmigkeit war geprägt durch die Heiligenverehrung, die karitative Tätigkeit (Dienst an Armen, Kranken, Alten und anderen Notleidenden) und die Askese, d. h. Enthaltsamkeit und Verzicht (auf Besitz, Ehe, Speise, Schlaf etc.) im diesseitigen Leben zugunsten des jenseitigen. Das Jenseits und besonders die Erwartung der Wiederkunft Christi spielten eine noch stärkere Rolle als heute.

In einer ständigen Auseinandersetzung mit der Umwelt wurde die frühchristliche Gemeinde von der Umwelt beeinflusst und übernahm Ideen und Kultformen vor allem vom Judentum (z. B. Messiasvorstellung, liturgische Formen wie Lesung von Bibelstellen etc.), von den Mysterienreligionen (z. B. Christus als sterbende und wiederauferstehende Erlösergottheit) und vom römischen Kaiserkult und Staat (z. B. Christus als Kyrios bzw. Herr, Insignien des Bischofs, Basilika als Kirchengebäude). Andererseits entstanden in Abgrenzung zur Umwelt auch eigene christliche Spezifika wie z. B. der Glaube an Jesus als Christus, Eucharistie, Taufe und Buße.

Die Köpfe der Märtyrer Cassius und Florentius vor dem Bonner Münster

Das Mittelalter: Zeitalter kirchlicher Macht und Machtkämpfe (500–1500)

Durch die Völkerwanderung und das Ende des *Imperium Romanum* tritt Mitteleuropa in den Vordergrund des Geschehens. Die iroschottische und angelsächsische Mission bilden die Basis für ein christliches Abendland, dessen religiös-politische Einheit durch Kaiser Karl d. Gr. und Kaiser Otto d. Gr. gefestigt wird. Gleichzeitig kommt es zum Bund zwischen Kaiser und Papst, zwischen geistlicher und weltlicher Macht, aber auch zum Machtkampf zwischen beiden. Das Papsttum erreicht dabei immer mehr Unabhängigkeit vom König und den Höhepunkt seiner Macht. Das Mittelalter ist aber auch die dunkle Seite der Kirchengeschichte, der Kreuzzüge, Inquisition und Ketzerverfolgung sowie der Dekadenz des Papsttums.

Das Ende des Römischen Reiches – die Völkerwanderung

Die Zeit der Völkerwanderung wird zeitlich von 375–568 angesetzt. Sie beginnt mit dem Einfall der aus Asien kommenden Hunnen, der die ansässigen Stämme zur Flucht nach Süden und Westen treibt. Aber auch Bevölkerungszuwachs und damit verbunden Landnot sind Gründe der Völkerwanderung, ebenso wie Eroberungs- und Kriegslust. Ganz Europa bis hin zum Schwarzen Meer ist im Umbruch, die meisten Völker verlassen ihre alten und erobern neue Siedlungsgebiete. Die Folge ist das Ende des Römischen Reiches. Nicht mehr Rom, sondern die neue Kultur der Germanen nördlich der Alpen bestimmt von nun an das Geschehen. Zunächst bestehen nach- und nebeneinander verschiedene Herrschaftsgebiete bzw. Reiche: Das Vandalenreich in Nordafrika (429–534), das Westgotenreich in Spanien, das Reich der Burgunder (443–534), das Ostgotenreich in Italien (493–553) und das Langobardenreich in Italien (568–774).

Die Germanen übernehmen das Christentum zunächst in der arianischen Form: Wulfila (um 311–383), von dem Arianer Eusebius von Nicomedia zum Bischof

Clodwigs Taufe, 14. Jh., franz. Buchmalerei aus: Grandes Chroniques de France, fol. 11. Castres, Bibliotheque Municipale

geweiht, predigt den Goten um 340 das arianische Christentum und übersetzt auch die Bibel ins Gotische. Von den Goten übernehmen die anderen Germanenstämme das arianische Christentum, es wird zur Nationalreligion der Germanen. Ostgotenkönig Theoderich d. Gr. (455–526) schließlich plant ein arianisch-germanisches Großreich in Italien und so hätte sich der Arianismus gegen die katholische Kirche durchgesetzt. Das Blatt wendete sich, als sein Gegenspieler, der Frankenkönig Chlodwig (466–511) mit seinem Gefolge zum römisch-katholischen Christentum übertrat. Ähnlich wie Konstantin d. Gr. soll Chlodwig vor einer entscheidenden Schlacht versprochen haben, im Falle eines Sieges zum Christentum überzutreten. Dies geschah und Chlodwig ließ sich um 498 von Bischof Remigius von Reims taufen. Für die Taufe Chlodwigs waren auch nicht zuletzt politisch-strategische Gründe ausschlaggebend. Denn die christliche Religion als die einheitliche Religion des Reiches verband zunehmend germanische und romanische Bevölkerungsschichten und war somit eine wichtige Grundlage für das fränkische Großreich. Im 6. Jh. traten die Germanen dann immer mehr zur katholischen Kirche über.

Das Mittelalter: Zeitalter kirchlicher Macht und Machtkämpfe (500–1500)

Der Heilige Patricius (Patrick), Meister des Antonius-Eremita-Triptychons, Öl auf Holz, Inv.Nr. 1037, Mailand, Museo Bagatti Valsecchi

Pilgerschaft für Christus – die iroschottische und angelsächsische Mission

Entscheidend prägte die Mission in **Irland** (iroschottische Mission) und in **Britannien** (angelsächsische Mission) die Entwicklung des Christentums in Westeuropa.

In Irland beginnt die christliche Mission um 432 mit dem aus Britannien stammenden Patrick. Im 6./7. Jh. wird von Mönchen auf der Wanderschaft – verstanden als heilige Pilgerschaft für Christus *(Peregrinatio religiosa pro Christo)* – in Irland und Britannien eine ganze Reihe von Klöstern gegründet. Die Mission durch die Mönche war klösterlich, nicht bischöflich organisiert. Sie wird von den Äbten, nicht von Rom und den Bischöfen geleitet. Es ist eine Art Erweckungsbewegung, die vor allem durch strenge Askese und Bußpraxis (Einführung der privaten Beichte mit Bußtarifen, ähnlich wie ein Bußgeldkatalog) geprägt ist.

Auf ihrer Wanderschaft missionierten die irischen Mönche in Schottland und auch auf dem europäischen Festland. Dort wurde zuerst das Kloster Luxeuil gegründet, das zur Zentrale für weitere Klostergründungen wurde. Kolumban d. J. (530–615) war der bedeutendste Vertreter der iroschottischen Mission auf dem Festland (Bretagne, Gallien, Burgund, Bodensee und Oberitalien). Ihm folgten viele irische Mönche, die Deutschland vom Norden bis Bayern missionierten.

Die Mission in Britannien (angelsächsische Mission) war im Unterschied zur iroschottischen Mission von Rom aus organisiert. So sandte Papst Gregor d. Gr. Mönche aus mit dem Ziel, zuerst die Führer und Könige zum Christentum zu bekehren – sozusagen als Mission von oben. Aber erst im zweiten Anlauf, durch die Mission von Wilfrid (634–709/10), der Abt des Klosters Ripon von Northumbrien und später Bischof von York war, wurde diese Mission ein Erfolg. Zu den ersten Königreichen in Britannien, die das Christentum annahmen, gehörten Kent, Wessex und Northumbrien.

Glendalough-Klosterruinen, 6. Jh., in der Nähe von Dublin

Obwohl diese Mission von Rom und von Bischöfen organisiert war, waren die Missionare Mönche. Denn die Bischöfe und Priester sollten möglichst Mönche sein. Auch für die angelsächsische Mission war die Wanderschaft *(Peregrinatio)* kennzeichnend, sodass sie bald auch das europäische Festland erreichte. Willibrord (gest. 739), ein Schüler von Wilfrid, war der erste, der auf dem Festland missionierte – in Friesland (heute Holland). Ein Mitarbeiter Wilfrids war Winfrid, der sich später Bonifatius nannte.

Mit **Bonifatius** (675–754), oft als »Apostel Deutschlands« bezeichnet, wird die sog. Karolingische Reform eingeleitet, d. h. er bereitete die von den karolingischen Königen (Pippin der Kurze, vor allem aber Karl d. Gr. und Ludwig der Fromme) durchgeführten Reform der Kirche (Neuordnung der Kirchenverfassung, Errichtung von Bistümern etc.) vor. Bonifatius stammte aus Wessex. 716 begann er mit der Missionierung auf dem Festland, zunächst als Schüler von Willibrod in Friesland, dann vor allem in Hessen und Thüringen, später auch in Bayern. Bekannt ist die Fällung der dem germanischen Gott Donar geweihten Eiche bei Geismar, die zeigt, dass er seine Mission auch durchaus radikal durchführte. Mit Rom war Bonifatius fest verbunden – dreimal reiste er dorthin; Papst Gregor III. ernannte ihn zum Missionsbischof in Germanien ohne festen Sitz und später zum Apostolischen Legaten. Als solcher unternahm er seit 742 unter den Frankenkönigen Karlmann und Pippin dem Kurzen die Neuordnung und Reformierung der fränkischen Kirche und bereitete so den Aufschwung der Kirche unter Karl d. Gr. vor. Er gründete Klöster, ernannte Bischöfe, veranstaltete

Irisches Kreuz, Monasterboice, 10. Jh.

Synoden und gründete neue Bistümer (Würzburg, Buraburg und Erfurt). Allerdings gab es im Frankenland auch eine Opposition gegen Bonifatius, sodass er sich schließlich nach Mainz und Fulda zurückzog. Während seiner letzten Missionsreise fand er in Friesland den Märtyrertod: Er und 52 Gefährten wurden von Friesen erschlagen.

Der Bund zwischen Papst und Kaiser
Inzwischen war der Islam zu einer politischen Macht geworden, der sich durch Eroberungen schnell ausbreitete und der für die christliche Kirche den Verlust der Gebiete in Afrika, Spanien und großer Teile des byzantinischen Reiches bedeutete. Konstantinopel selbst wurde nicht erobert, konnte aber seinerseits Rom und Italien nicht im Kampf gegen die Langobarden unterstützen, die dort immer stärker zur Bedrohung wurden. So bat Papst Gregor III. den fränkischen Hausmeier (= Beamter und rechte Hand des Königs) Karl Martell um Unterstützung gegen die Langobarden. Dieser aber lehnte ab, da er mit den Langobarden gegen die Araber in Südfrankreich verbunden war und dort den Vormarsch des Islam erfolgreich stoppen konnte.

Pippin d. J. (gest. 768), dem Sohn Karl Martells und wie dieser Hausmeier, gelang es, den schwachen König Childerich III. aus der Dynastie der Merowinger abzusetzen und sich 751 auf einer Reichsversammlung in Soissons zum König wählen zu lassen. Dies erfolgte mit Unterstützung des Papstes Zacharias: Pippin hatte diesen vorher angefragt, »ob es gut sei oder nicht, dass im Frankenreich Könige regieren, die keine königliche Macht besäßen« und der Papst antwortete erwartungsgemäß, »dass es besser sei, denjenigen, der wirklich die Macht innehabe, König zu nennen«. Pippin gelangte so mit Zustimmung und Unterstützung des Papstes zur Königswürde. Nicht die Legitimation aufgrund königlicher Abstammung, sondern das Königtum von Gottes Gnaden war hierbei ausschlaggebend. Pippin revanchierte sich, indem er Papst Stephan II. Hilfe gegen die erneute Bedrohung durch den Langobardenkönig Aistulf zusagte. Im Januar schloss Pippin mit dem Papst ein Freundschaftsbündnis. Pippin versprach dem Papst Schutz und Hilfe gegen die Langobarden sowie die Rückgabe bzw. Schenkung der von den Langobarden eroberten, ehemals byzantinischen Gebiete Mittelitaliens (Pippinische Schenkung), womit der Grundstein für den späteren Kirchenstaat gelegt wurde. Papst Stephan II. bestätigte das Königtum Pippins, indem er an ihm und seinen Söhnen Karl (später

Die Pippinische Schenkung bildete die Grundlage für den späteren Kirchenstaat.

genannt »der Große«) und Karlmann die Königssalbung vollzog und ihnen den Titel *Patricius Romanorum* (= Schutzherr der Römer) verlieh, einen Titel, der bisher nur dem Vertreter *(Exarch)* des byzantischen Kaisers in Ravenna zukam. Die Franken wurden somit zur Schutzmacht der abendländischen Kirche.

Mit der **Pippinischen Schenkung** entstand der Kirchenstaat, das *Patrimonium Petri* (= Erbgut des Petrus), das weltliche Herrschaftsgebiet des Papstes. Es bestand aus dem *Ducatus Romanum* (das Gebiet um Rom) und dem ehemaligen byzantinischen Exarchat von Ravenna. Der Kirchenstaat erfuhr in der weiteren Geschichte wechselnde Besitzverhältnisse, bis er 1929 in den Lateranverträgen zum wesentlich kleineren »Staat der Vatikanstadt« wurde. Mit Beginn des Kirchenstaates und der weltlichen Herrschaft der Päpste wurden auch die Anfänge der Parteienkämpfe der römischen Adelsfamilie um den Papstthron begründet.

Wohl zur Erklärung des Kirchenstaates entstand in dieser Zeit die sog. **Konstantinische Schenkung**, die schon im 15. Jh. als Fälschung erkannt wurde. Die Konstantinische Schenkung ist angeblich eine Urkunde von Kaiser Konstantin d. Gr., worin er Rom das Primat über die anderen Kirchen und die Herrschaft des Papstes über Italien und den Westen des Römischen Reiches überträgt, während er – Konstantin – in Konstantinopel residiert und dies so begründet: »Denn es ist nicht recht, dass dort, wo der himmlische Machthaber den ersten Priester und das Haupt der christlichen Kirche eingesetzt hat, auch der irdische Kaiser seine Macht ausübt.« Später wurde die Konstantinische Schenkung auch zur Begründung der geistlichen Weltherrschaft der Päpste herangezogen.

Karl der Große – der neue König David

Karl d. Gr. (768–814) führte zunächst mit seinem Bruder Karlmann, nach dessen Tod (771) alleine die Politik seines Vaters Pippin fort und vollendete die enge Verbindung zwischen Rom und Frankenreich. Zunächst befreite er im Jahr 774 Papst Hadrian von der Belagerung Roms durch die Langobarden. Er besiegte sie, ernannte sich selbst zum König der Langobarden und erneuerte das Bündnis mit dem Papst. Karl festigte das Frankenreich nach außen gegen die Muslime in Spanien, gegen Sachsen, Awaren, Dänen, Slawen und Böhmen – alles sowohl religiöse als auch militärisch-politische Unternehmen. Vor allem aber die oft brutalen Kriege gegen die Sachsen (772–804) waren Eroberung und Mission zugleich und zogen sich lange hin. Die Sachsen waren bis dahin das einzige nichtchristliche germanische Volk. Als Widukind nach einem letzten großen Aufstand besiegt wurde, ließ er sich taufen und dies führte schließlich zum Ende der Sachsenkriege. Viele Sachsen wurden zwangsweise umgesiedelt. Mit dem Sieg über die Sachsen hatte Karl d. Gr. endgültig die Einheit des Frankenreiches hergestellt und ein deutsches Reich geschaffen – nicht zuletzt auch durch Missionierung der Sachsen und die dadurch eingeführte einheitliche christliche Religion des Reiches.

Karl d. Gr., Büstenreliquiar, Domschatzkammer Aachen

Karl d. Gr. beabsichtigte insgesamt eine Erneuerung des Römischen Reiches, zu der auch die Reform der Sprache (Latein) und Schrift (»Karolingische Minuskel«), der Bildung und Kunst gehörte, ebenso wie die Vereinheitlichung von liturgischen und kirchenrechtlichen Schriften. In Aachen wurde im Jahr 800 die Pfalzkapelle eingeweiht, in der seit 936, angefangen mit Otto d. Gr., 30 Könige gekrönt wurden (die Krönung zum Kaiser des Heiligen Römischen Reiches fand dagegen in Rom statt!). Karl d. Gr. führte die von Bonifatius begonnene Kirchenreform fort aufgrund von Reichsgesetzen und Synoden. Die Kirchenverfassung wurde neu geordnet. Er führte eine Klosterreform durch, wobei die Regel Benedikts für alle Klöster im Frankenreich verbindlich wurde. Außerdem mischte er sich – ähnlich wie Konstantin – aktiv in das kirchliche Leben ein, kontrollierte es, veranstaltete Synoden und setzte Bischöfe und Äbte nach seiner Wahl ein. Dies alles zeigt, dass Karl. d. Gr. sich als theokratischer, d. h. als weltlicher und geistlicher Herrscher zugleich verstand – nach dem Vorbild König Davids im Alten Testament und nach dem Vorbild Konstantins d. Gr. Auf der Synode von Frankfurt 794 wurde Karl als *Rex et Sacerdos* (= König und Priester) bezeichnet, was für ein ähnlich theokratisches Verständnis des Herrschers spricht, wie es für den byzantinischen Kaiser kennzeichnend war. Gegenüber Byzanz beanspruchte Karl d. Gr. Gleichberechtigung. Im 4./5. Jh. hatte es ein doppeltes Kaisertum im Westen und im Osten des Römischen Reiches gegeben und in diesem Sinne wollte Karl d. Gr. der Kaiser des Westens sein. Die politischen Zwistigkeiten zwischen West und Ost spielten dann auch im Bilderstreit eine Rolle, nicht zuletzt weil sich Karl d. Gr. bei den diesbezüglichen Entscheidungen auf dem Konzil von Nizäa (787) übergangen fühlte.

Thron Karls d. Gr., Aachen, Pfalzkapelle

Der **Bilderstreit** (Ikonoklasmus) war ein Streit um die Frage der Bilderverehrung in der byzantinischen Ostkirche. Als Kaiser Leo III. von Byzanz 730 die Bilderverehrung verbot, kam es zu Auseinandersetzungen zwischen den Bilderfreunden und Bilderfeinden. Die Bilderfeinde warfen den Bilderfreunden Ikonolatrie

(Bildanbetung) vor und damit einen Verstoß gegen das zweite der Zehn Gebote (»Du sollst dir kein Gottesbild machen …«, Ex 20,4). Der Höhepunkt des Streites war die Vernichtung von Bildern, die auf dem Konzil von Hiereia angeordnet wurde. Dies führte zu Aufständen, Verfolgungen und Hinrichtungen. Schließlich veranlasste die byzantinische Kaiserin Irene 787 das (zweite) Konzil von Nizäa, auf dem das Bilderverbot aufgehoben wurde. Man befürwortete die Bildverehrung mit dem Argument, dass die Ikonen nicht das Wesen Christi oder der Heiligen zeigten, sondern ihre äußere Gestalt und somit nur ein Verweis auf das Göttliche seien. Die Ikone sei ein Tor zu Gott, das Gott erfahrbar mache.

Christus und Menas, Ikone vor dem Bilderstreit, Tempera auf Holz, 6./7. Jh., Paris, Musée du Louvre

Irene blieb Kaiserin von Konstantinopel, nachdem sie ihren Sohn gefangen gesetzt hatte. Aber eine Frau als Kaiserin wollte Rom nicht anerkennen. Papst Leo III. plante daher, das Kaisertum und die römische Reichsgewalt von Byzanz auf die Franken, auf Karl d. Gr. zu übertragen (die sog. *Translatio imperii*) – mit der Begründung, dass das byzantinische Kaisertum der Herrschaft über das Christentum nicht mehr würdig sei. Im Jahr 800 krönte Papst Leo III. während der Weihnachtsmesse in Rom Karl d. Gr. überraschend zum Kaiser, geplant war eigentlich die Krönung von Karls Sohn. Die Konkurrenz zwischen den Kaisern in Ost und West, aber auch zwischen dem Patriarchen von Byzanz und dem Papst in Rom liefen parallel. Im Folgenden wurde es zur Regel (bis 1530), dass die Päpste in der Peterskirche von Rom die Kaiserkrone des Heiligen Römischen Reiches verliehen. Die Krönung zum König der Deutschen dagegen erfolgte bei den Nachfolgern Karls d. Gr. im Dom von Aachen durch den Erzbischof von Mainz.

Die Nachfolger Karls d. Gr. konnten das Reich nicht zusammenhalten, es spaltete sich schließlich in eine romanische (das spätere Frankreich) und eine germanische Hälfte auf. So bot es gegen die Feinde von außen mehr Angriffsmöglichkeiten. 911 starb mit Ludwig dem Kind der letzte aus der Dynastie der Karolinger.

Otto der Große und die Reichskirche

Das Fehlen einer starken Macht und Herrscherpersönlichkeit hatte Auswirkungen auf das Papsttum, das infolgedessen in dieser Zeit (800–1046) einen Niedergang erlebte. Man spricht auch von dem **»finsteren Zeitalter«** *(saeculum obscurum)*, das zwar nicht auf alle, aber auf die meisten der ca. 50 Päpste dieser Zeit zutrifft. Da das Papsttum auch die Stadtherrschaft von Rom bedeutete, wurde es zum Spielball der Machtinteressen und Parteienkämpfe römischer Adelsfamilien, die letztlich darüber entschieden, wer Papst wurde. In diese Zeit fällt auch die Legende der Päpstin Johanna, die wohl nicht historisch, aber trotzdem ein deutlicher Hinweis auf den Zustand des Papsttums ist. Sie soll als Frau in Männerkleidern in Athen studiert und dann in Rom nach dem Tod Leos IV. (855) zum Papst ernannt worden sein. Erst nach zwei Jahren soll die Täuschung offenbar geworden sein, nämlich als sie während einer Prozession ein Kind gebar und plötzlich starb. Der Höhepunkt der Dekadenz des Papsttums war erreicht, als der 17-jährige Oktavian von Spoleto (955–963) Papst wurde. Er war der zweite Papst (nach Mercurius alias Papst Johannes II.), der seinen Namen wechselte – in Johannes XII.

Bildnis der Päpstin Johanna mit Kind, um 1490, Holzschnitt (spätere Kolorierung)

Da trat mit **Otto d. Gr.** (936–973) wieder ein starker Herrscher auf. Ihm gelang es, die Macht und Einheit des Reiches wiederherzustellen, indem er ein Gebiet nach dem anderen unterwarf und schließlich den Einfall der Ungarn in der Schlacht auf dem Lechfeld (Augsburg) siegreich abwehren konnte. Der Dekadenz des Papsttums mit Papst Johannes XII. machte Otto d. Gr. ein Ende, als dieser ihn um Hilfe rief und er daraufhin nach Rom kam. Der Papst weihte Otto zwar zum Kaiser, aber als dieser Rom verlassen hatte, verbündete er sich hinter dessen Rücken mit Byzanz und den Sarazenen. Otto kehrte nach Rom zurück, setzte den Papst ab und ließ einen neuen wählen. Die Römer mussten Otto versichern, keinen Papst mehr ohne seine Zustimmung zu wählen.

Wie Karl d. Gr. verstand auch Otto d. Gr. sich als theokratischer Herrscher, als Schutzherr der Kirche nach außen und innen, ja als Repräsentant der Christenheit. Die Kaiserkrönung war für ihn primär eine spirituell-kirchliche Weihe. Sein Reich verstand er als *Sacrum Imperium* (Heiliges Reich). Unter ihm und seinen Nachfolgern, den Ottonen und Saliern, entstand ein Reichskirchensystem. Staat und Kirche gingen eine enge Bindung ein. Die Kaiser bestimmten bei der Papstwahl mit und setzten Bischöfe ein.

Nachdem Otto endlich seine Herrschaft gefestigt hatte, setzte er Verwandte zur Regierung in den verschiedenen Landesteilen ein, die sich aber – ihre eigenen Machtinteressen verfolgend – gegen ihn verbündeten. Aus diesen Fehlern klug geworden, begann Otto nun, das Reich völlig neu zu strukturieren. Reichsbischöfe und Priester wurden jetzt zur Grundlage des Reiches, indem er sie als königliche Lehensträger einsetzte. Otto verlieh ihnen fürstliche Privilegien und königliche Rechte (Grafenrechte, Gerichtsbarkeit, Zoll-, Münz- und Marktrecht, Immunität etc.) und vermehrte den Grundbesitz der Kirche. Die Bischöfe wurden so zu Fürstbischöfen, ihnen kam damit weltliche und geistliche Macht gleichzeitig zu, indem sie Fürst und Bischof in einer Person waren. Diese sog. ottonische Reichskirche war die Basis für die Entstehung der Feudalkirche, die nicht nur die Kirche im Mittelalter, sondern auch in der Zeit bis zur Säkularisation 1803 prägte. Das enge Bündnis zwischen Staat und Kirche brachte für beide Seiten Vorteile. Otto konnte sich auf den Klerus verlassen, da er aufgrund des Zölibats keine dynastischen Ansprüche bezüglich einer Erbfolge stellte. Bistümer und Abteien galten als königliche Eigenkirchen. Die Kirche ihrerseits war vor Übergriffen auf ihren Besitz durch den Adel sicher und konnte ihren Einfluss auf das öffentliche Leben ohne Einschränkung ausbauen. Es kam zu einer kirchlich-politischen Einheit, die man je nach Standpunkt als eine Verweltlichung der Kirche oder auch eine Verkirchlichung des Staates sehen kann.

Die Reform von Cluny, die Gregorianische Reform und der Investiturstreit

Eine erste Reaktion auf diese Verweltlichung der Kirche ging von dem Mönchtum aus, das als Erneuerungsbewegung die Verinnerlichung des Christentums betonte. Die Verweltlichung hatte teilweise auch in die Klöster Einzug gehalten, die reich geworden waren, und es gab viele Laienäbte, d. h. Adlige, die die Klöster leiteten, die aber nie das Mönchsgelübde abgelegt hatten. Insofern waren auch die Klöster reformbedürftig.

Wilhelm von Aquitanien gründete zwischen 908 und 910 das Kloster **Cluny** (Burgund), das zum Ausgangspunkt einer monastischen Reform wurde. Grundlage war die Regel des Benedikt, wobei man die Liturgie betonte. Cluny wurde Zentrum eines Klosterverbandes. Die Klöster waren direkt dem Papst unterstellt und von weltlicher und bischöflicher Kontrolle unabhängig (freie Abtwahl, sog. Exemtion von der bischöflichen Gerichtsbarkeit). Eine andere Reformbewegung ging von dem Benediktinerkloster in Gorze (Lothringen) aus, die im Unterschied zur Reformbewegung von Cluny durch ihre Verbindung mit dem Reich, den Bischöfen und dem König gekennzeichnet war. Sowohl auf Geistliche als auch auf Laien übte die Reform von

Kloster Cluny, Modell

Cluny ihre Faszination aus und sie beeinflusste nicht zuletzt die Gregorianische Reform.

Die **Gregorianische Reform** ist benannt nach Papst Gregor VII. (1073–1085), dessen Hauptziel es war, die Kirche von dem weltlich-staatlichen Machteinfluss zu befreien (lat. *libertas ecclesiae* = Freiheit der Kirche) und ihr mehr Eigenständigkeit zu verschaffen. Die Gregorianische Reform führte zur entscheidenden Wende und veränderte die Beziehung zwischen weltlicher und kirchlicher Macht. Schon Papst Nikolaus II. hatte durch ein Papstwahldekret (1054) dafür gesorgt, dass die Päpste von nun an durch ein Kardinalskollegium gewählt wurden und nicht mehr durch Laien. Papst Gregor VII. verkündete schon kurz nach seinem Amtsantritt 1075 seine Grundsätze in dem »Dictatus Papae«. Darin betonte er unter anderem, der Papst »ganz allein kann Bischöfe absetzen und auch wieder einsetzen«, er »kann Kaiser absetzen« und »über ihn besitzt niemand richterliche Gewalt«. Damit wird eindeutig die Stellung des Papstes als Oberhaupt der Christenheit betont, der sogar Kaiser und Könige aus religiös-sittlichen Gründen absetzen kann. Weitere wichtige Punkte des »Dictatus« waren das Verbot der Priesterehe und Simonie (Kauf und Verkauf von geistlichen Ämtern), ganz besonders aber die Einsetzung der Bischöfe durch Laien (Laieninvestitur).

Es war absehbar, dass dies früher oder später zum Konflikt zwischen Papst und Kaiser führen würde. Und

Der heilige Nikolaus als Bischof, Trier

dieser Konflikt erfolgte schon bald in Form des Investiturstreites. Hierbei ging es um die Frage, ob die Bischöfe nur vom Papst oder auch von Laien (König, Adlige) eingesetzt werden durften. Es war letztlich ein Kampf zwischen geistlicher und weltlicher Macht, zwischen *Sacerdotium* und *Regnum*.

König Heinrich IV. (1056–1106) hielt sich nicht an das päpstliche Verbot der Laieninvestitur. Papst Gregor VII. drohte ihm mit dem Bann. Auf dem Reichstag zu Worms 1076 erklärten 26 Bischöfe und der König Papst Gregor VII. für abgesetzt. Gregor VII. exkommunizierte daraufhin Heinrich und entpflichtete die Untertanen von ihrem Treueeid ihm gegenüber. Die Landesfürsten sahen darin nun ihrerseits eine Chance, die eigene Macht und ihre Interessen zu stärken und stellten den König vor die Wahl, den Papst innerhalb eines Jahres um die Lösung des Bannes zu bitten oder einen neuen König zu wählen. Im Winter 1076/77 kam es daraufhin zu Heinrichs berühmtem Gang nach Canossa: Er machte sich mit seiner Familie und kleinem Gefolge nach Canossa am Nordhang des Apennin auf. Nicht zuletzt wollte er ein geplantes Zusammentreffen des Papstes mit den deutschen Landesfürsten verhindern. Der Papst war bereits auf dem Weg nach Deutschland und Papst und König trafen in Canossa zusammen. Heinrich erhielt, nachdem er drei Tage vor den Toren im Büßergewand gewartet hatte, von Gregor VII. die Absolution. Auch wenn der Kampf zwischen Papst und König damit noch nicht beendet war, wurde mit Canossa eine entscheidende Wende eingeleitet: die Trennung zwischen weltlicher und geistlicher Macht und die kirchliche Vormachtstellung im Abendland. Heinrich wurde nach der Rückkehr von Canossa von den Landesfürsten abgesetzt und durch König Rudolf ersetzt, der aber bald starb. So konnte Heinrich, inzwischen wieder König, 1080 nach Rom ziehen und den Papst in der Engelsburg belagern. Der erhielt Hilfe durch die Normannen, die fast ganz Rom verwüsteten. Heinrich zog sich vor den Normannen zurück, aber auch Papst Gregor musste vor den aufgebrachten Römern nach Salerno fliehen, wo er 1085 starb. Seine Reformen jedoch setzten sich durch und wirken bis heute nach.

Nachdem der Investiturstreit in Frankreich (1104) und England (1107) zum Ende gekommen war, wurde er auch in Deutschland mit dem Wormser Konkordat von 1122 zwischen Heinrich V. und Papst Calixtus II. formell beendet. Darin einigte man sich auf Folgendes: Der Papst allein weiht die (vom Domkapitel gewählten) Bischöfe und die Äbte und führt die Investitur mit Ring und Stab durch, d. h. die Verleihung der geistlichen Befugnisse und Einsetzung in das Kirchenamt. Der König hat weiterhin das Recht der Regalieninvestitur mit dem Zepter, d. h. der Verleihung der weltlichen Macht, konkret der Belehnung mit dem Kirchenbesitz (der Regalien oder Temporalien). Damit war nach 50 Jahren der Investiturstreit beendet, ebenso wie die bisherige Praxis der Laieninvestitur. Das Papsttum hatte letztlich gesiegt, die von Papst Gregor VII. angestrebte Freiheit der Kirche *(libertas ecclesiae)* von der weltlichen Macht war erreicht. Und die Bestätigung einer Papstwahl durch König und Kaiser gab es jetzt nicht mehr.

Die Reformen von Papst Gregor wurden von Papst **Innozenz III.** (1198–1216) weiter ausgebaut und fortgeführt. Mit ihm erreichte das Papsttum den Höhepunkt seiner Macht. Innozenz betonte die Universalität des Papsttums und die Unabhängigkeit des Kirchenstaates. Er führte als erster Papst den Titel *Vicarius Christi* (= Stellvertreter Christi), der bis heute der Titel der Päpste geblieben ist. Der bisherige Titel *Vicarius Petri* (= Stellvertreter Petri) genügte Innozenz nicht mehr.

Kathedralen wie die von Reims (Westfassade, gotisch) geben Zeugnis von der Macht der Kirche.

Ferner nannte er sich auch *Arbiter mundi* (= Schiedsrichter der Welt). Für Innozenz war seine, die geistliche Macht, der weltlichen Macht des Königs (als Lehensträger des Papstes) übergeordnet. So entschied er auch, wer in Deutschland zum König gewählt wurde: Als der von ihm gewählte Otto IV. das Königreich Süditalien-Sizilien angreifen wollte, sah Innozenz eigene Ansprüche bedroht, exkommunizierte Otto IV. und machte Friedrich II. zum König. Innozenz war es auch, der die blutigen Verfolgungen der Katharer 1209, die sog. Albigenserkriege, sowie einen Kreuzzug organisierte. Am Ende seines Lebens leitete er 1215 das 4. Laterankonzil, die größte Kirchenversammlung im Mittelalter (mit 500 Bischöfen und 800 Äbten). Die wichtigsten Ergebnisse dabei waren die Vorbereitungen des 5. Kreuzzuges, die Verurteilung der Katharer und Waldenser (s. S. 74/75) als Häretiker und die Definition der Lehre von der Transsubstantiation (die wesenhafte Verwandlung von Brot und Wein in Leib und Blut Christi bei der Eucharistie).

Kampf und Schisma zwischen West- und Ostkirche

Hintergrund des Schismas von 1054 war die religiöse und politische Rivalität zwischen Ost und West. Die Konkurrenz zwischen den Patriarchen in Rom und Byzanz verlief parallel zu der Rivalität zwischen den Kaisern in Ost und West. Ost- und Westkirche hatten sich im Laufe der Zeit entfremdet. Gegenüber der Ostkirche hatte die Westkirche sich stark verändert. Es spiegelten sich darin letztlich die Unterschiede zweier Kulturen: der orientalischen mit griechischer Liturgiesprache und der westlich-abendländischen mit der lateinischen Liturgiesprache. Schließlich hatte die Westkirche versucht, sich in den eigentlich rein östlichen Bilderstreit einzumischen, und der Papst beanspruchte die Vorherrschaft über die gesamte Kirche.

Ausgelöst wurde das Schisma durch einen Streit zwischen Rom und Byzanz um byzantinische Besitzungen in Süditalien, die von Normannen erobert worden waren. Kaiser Konstantin IX. von Byzanz wollte mit Papst Leo IX. (1049–1054) ein Bündnis gegen die Normannen schließen, der Patriarch Michael Kerullarios von Konstantinopel (1043–1058) aber verhinderte dies, weil er Übergriffe des Papstes auf die süditalienischen Gebiete, die zu Byzanz gehörten, befürchtete. Der Patriarch von Konstantinopel ließ die lateinischen Kirchen und Klöster schließen und verurteilte vor allem den Gebrauch des ungesäuerten Brotes bei der Messfeier, den *Zölibat* (die Ehelosigkeit der Priester) und das *Filioque* (die Behauptung, dass der Heilige Geist vom Vater und vom Sohn ausgeht) als Bestandteil des Glaubensbekenntnisses. Papst Leo IX. beauftragte eine Gesandtschaft unter der Leitung von Kardinal Humbert von Silva Candida, mit dem Patriarchen Kerullarios zu verhandeln. Die Gesandten forderten selbstbewusst die Anerkennung des römischen Primats und der Liturgie der lateinischen Kirche. Der Patriarch lehnte Verhandlungen ab und empfing die Gesandten nicht. Humbert verfasste eine Bulle, mit der er den Patriarchen exkommunizierte und die er am 16.7.1054 öffentlich auf den Altar der Hagia Sophia legte. Zu dieser Zeit war der Papststuhl vakant: Papst Leo war im April 1054 gestorben und sein Nachfolger wurde erst im April 1055 gewählt. So exkommunizierte Patriarch Kerullarios nur die päpstlichen Gesandten als Gegenreaktion. Erst 1965 sollte die wechselseitige Exkom-

Christus Pantokrator (Allherrscher), Hagia Sophia, Istanbul, 11. Jh.

munikation aufgehoben werden durch Patriarch Athenagoras I. und Papst Paul VI. Weitere Lehrverurteilungen verschärften die Trennung, nicht zuletzt als Rom versuchte, während des Kreuzzuges ein Lateinisches Kaisertum (1204–1262) mit Gewalt zu errichten und die Ostkirche wieder mit der Westkirche zu vereinigen. Die türkische Eroberung Konstantinopels 1453 beendete das byzantinisch-christliche Reich und isolierte Ost- und Westkirche schließlich noch mehr.

Klosterreformen und Ordensgründungen

Im 11./12. Jh. kam es zu Klosterreformen. Die neuen Mönchsorden orientierten sich entweder an der Regel des Benedikt oder an der des Augustinus. Kennzeichnend für alle waren die drei Gelübde der Armut, Keuschheit und des Gehorsams.

Zunächst lebte das Eremitentum wieder auf. So wendete sich der ehemalige Benediktinerabt Romuald von Camaldoli dem Eremitendasein zu und gründete Gemeinschaften, die Eremiten- und Klosterleben vereinigten: die Anfänger lebten im Hauptkloster (im Zönobitentum), die Fortgeschrittenen in Einsiedeleien in der Nähe des Klosters. Auch Bruno von Köln ist als Eremit zu nennen. Er gründete 1084 den Kartäuserorden (benannt nach dem Ort Grande Chartreuse, wo sich Bruno mit sechs Gefährten niederließ), der ebenfalls eine Verbindung von Einsiedler- und Gemeinschaftsleben darstellte und als der strengste Orden gilt. Robert von Molesme gründete 1098 in Cîteaux ein Kloster auf der Grundlage einer strengen Benediktinerregel und im Sinne einer Reformierung von Cluny. Daraus entstand der Orden der Zisterzienser, der unter Bernhard von Clairvaux (um 1090–1153) einen starken Aufschwung erlebte.

Auch innerhalb des weltlichen Klerus gab es Tendenzen zu einem mönchischen Leben, die **Prämonstraten-**

serorden. Die meisten weltlichen Kleriker damals waren an der Bischofskirche oder an zentralen Kirchen tätig, Außenpfarreien gab es kaum. Man nannte sie auch Chorherren (so benannt nach ihrer Versammlung im Chorraum der Kirche zu gemeinsamen Gebeten und Gottesdiensten). Diese Dom- und Stiftsgeistlichen unterschieden sich durch Privatbesitz (kein Armutsgelübde) von den Mönchen. Im Zuge der Gregorianischen Reform wurde aber auch von den weltlichen Geistlichen verlangt, wie die Mönche auf Privatbesitz zu verzichten und nach einer festen Regel (= Kanon, daher auch die Bezeichnung Kanoniker für diese Geistlichen), der Augustinus-Regel, zu leben. Die Geistlichen, die diese »neue« Lebensweise übernahmen, wurden Regularkanoniker (regulierte Kanoniker, *ordo novus*) genannt, im Unterschied zu den Säkularkanonikern *(ordo antiquus)*, die weiterhin die »alte« Lebensform praktizierten. Auch der Prämonstratenserorden ist eine Kanonikergemeinschaft, die auf den Stiftsherrn Norbert von Xanten zurückgeht. Dieser gründete 1120 das Kloster Prémontré (bei Laon) auf der Grundlage der Regel des Augustinus, das sich durch die Schwerpunkte Heiligung des Klerus, Seelsorge und Predigt auszeichnete.

Benediktinerkloster Maria Laach (romanisch), Eifel

Später, im 13. Jh., im Zuge der Armutsbewegung, entstanden die beiden großen **Bettelorden** der Franziskaner und der Dominikaner. Franziskus von Assisi (1181/82–1226) stammte aus einer reichen Kaufmannsfamilie und entschloss sich – nach einem sehr

Franz von Assisi, Fresko in der Kirche San Francisco von Assisi, Detail

weltlichen Leben in der Jugend –, in völliger Besitzlosigkeit als Wanderprediger (nach Mt 10) in der *Imitatio Christi* (Nachfolge Christi) zu wirken - entsprechend den Idealen der Liebe, Freude und Demut. Papst Innozenz III. kam 1209/10 der Bitte des Franziskus um die Bestätigung seiner Lebensweise und Predigterlaubnis nach, was der Beginn seiner Tätigkeit war. Franziskus hatte eigentlich nicht beabsichtigt, einen Orden zu gründen, aber seine Lebensweise wurde schnell populär, fand viele Anhänger und die Ordensgründung wurde nicht zuletzt von Rom gefördert. 1212 schloss sich Klara von Assisi (1194–1253) mit ihrer Gemeinschaft dem Franziskus an.

Dominikus de Guzmán (1170–1221), aus Kastilien stammend, gründete 1216 den Dominikanerorden, der neben dem Armutsideal Wert auf eine theologische Ausbildung legte. Der Dominikanerorden stellte später die päpstlichen Hoftheologen, bedeutende Mitglieder waren Albertus Magnus und Thomas von Aquin. Als »Spürhunde des Herrn« *(Domini cani)* leiteten die Dominikaner später die Inquisition.

Als weitere Bettelorden sind die Karmeliter und die Augustiner-Eremiten (gegründet 1256) zu nennen. Die Karmeliter wurden von Berthold 1156 auf dem Berg Karmel gegründet, kamen 1228 nach Europa und wurden 1247 zu einem Bettelorden.

Sowohl den Franziskanern als auch den Dominikanern schlossen sich Anhänger an, die im weltlichen Leben blieben, aber versuchten, in diesem Rahmen nach dem Ideal der Franziskaner bzw. Dominikaner zu leben (die sog. Dritten Orden).

Im Zuge der Kreuzzüge kam es auch zur Gründung militärischer Orden, sog. **Ritterorden**, zu denen die Johanniter, die Templer und der Deutsche Orden gehörten. Die Ritterorden verpflichteten sich zum einen zu den Mönchsgelübden der Armut, Keuschheit und des Gehorsams, zum anderen zum Schutz und Dienst

Beginen
Die Beginen sind eine Laienbewegung von Frauen, die sich erstmals um 1200 im Gebiet des heutigen Belgien und der Niederlande zu einem spirituellen und asketischen Leben ohne bindendes Gelübde zusammenfanden. Eine Reihe von ihnen wurde wegen Häresie verfolgt, aber als Gesamtbewegung blieben sie in der offiziellen Kirche. Eine ähnliche Laienbewegung war die Bewegung der Humilaten in Italien, deren Mitglieder Tuchweber waren.

der Pilger in Jerusalem (einschließlich der Armen- und Krankenpflege sowie der Verteidigung der heiligen Stätten mit Waffengewalt).

Der Johanniterorden wurde während des 1. Kreuzzuges 1099 in Jerusalem zunächst als Bruderschaft gegründet und entwickelte sich zum Orden, dessen Tracht ein schwarzer Mantel mit weißem Kreuz war. Der Orden wurde 1309 nach Rhodos und 1530 nach Malta (daher der Name Malteser) verlegt. Die evangelischen Johanniter und die katholischen Malteser heute sind Wiedergründungen des 19. Jh.s, die sich der Kranken- und Altenpflege sowie der Katastrophenhilfe widmen.

Der Templerorden wurde 1119 von dem Franzosen Hugo von Payens gegründet. Sein Name bezieht sich auf ihren Hauptsitz neben dem ehemaligen jüdischen Tempel in Jerusalem. Seine Tracht war ein weißer Mantel mit rotem Kreuz. Erfolg in Landwirtschaft, Handel und Geldgeschäften führte zu Reichtum des Ordens, der Neider auf den Plan rief, so vor allem den französischen König Philipp IV., der die Aufhebung des Templerordens forcierte. Die Aufhebung des Ordens erfolgte daraufhin 1311/12 durch Papst Clemens V. mit dem Vorwurf der Häresie, dem die Ordensführung zum Opfer fiel. Später entstanden viele Legenden um den Templerorden, so z. B. die Legende vom Heiligen Gral.

Der Deutsche Orden entwickelte sich, wie der Johanniterorden, aus einer Bruderschaft von Bürgern aus

Bremen und Lübeck während des 3. Kreuzzuges in Akkon (1199). Geleitet wurde der Orden von einem Hochmeister, die Tracht war ein weißer Mantel mit schwarzem Kreuz. Im 13. Jh. war die Christianisierung Preußens das neue Betätigungsfeld des Ordens. 1809 von Napoleon aufgehoben besteht der Orden heute als Neugründung wieder und ist in der Pfarrseelsorge, Kranken-, Armen- und Altenpflege tätig.

»Gott will es!« – die Kreuzzüge als Heiliger Krieg im Heiligen Land

Ein dunkles Kapitel der Kirchengeschichte des Mittelalters sind die Kreuzzüge. Dies sind die Kriege im Heiligen Land (1096–1291), zu denen die Päpste zum Schutz der christlichen Pilger und der heiligen Stätten sowie zur Befreiung Jerusalems von den Muslimen aufriefen. Motiv und Antrieb der Kreuzzüge war die Idee der Pilgerschaft ins Heilige Land, die sich mit der Vorstellung des heiligen Krieges gegen die Heiden verband.

Der Islam konnte seit dem 7. Jh. sehr schnell enorme Eroberungserfolge verbuchen. Das Christentum hatte große Bereiche verloren. Anlass für die Kreuzzüge war zum einen die Tatsache, dass sich Jerusalem, die heilige Stadt, seit 1071 unter türkischer Herrschaft (der Dynastie der Seldschuken) befand und dass das

Der Felsendom in Jerusalem, Symbol islamischer Herrschaft

Papst Urban II. ruft zum Ersten Kreuzzug auf, französische Buchmalerei

bedrohte Konstantinopel den Westen um Hilfe anrief. Auf der Synode von Clermont 1095 rief Papst Urban II. (1088–1099) zu einem Kreuzzug ins Heilige Land auf und mobilisierte mit seiner Rede die Massen, die ihm zuriefen »Gott will es!«. Der Wanderprediger Peter von Amiens in Frankreich machte ebenfalls erfolgreich Propaganda für einen Heiligen Krieg. Was die Massen vor allem begeisterte, war das Versprechen der Kirche, dass die Teilnahme am Kreuzzug die Vergebung aller Sünden, einen vollkommenen Ablass und im Falle des Todes den sofortigen Eintritt in den Himmel garantierte. Die Unzufriedenheit der Massen, die durch Naturkatastrophen, Hungersnöte und Seuchen gerade in dieser Zeit eine extreme wirtschaftliche Notsituation erlebten, konnte so von der innenpolitischen Krise abgelenkt werden.

So begann der **Erste Kreuzzug** (1096–1099) auch als unorganisierte Massenbewegung, die anfangs vor allem durch Pogrome gegen Juden in Rouen (Nordfrankreich), im Rheinland, Franken und Böhmen gekennzeichnet war. Es kam zur zeitweiligen Vernichtung ganzer jüdischer Gemeinden im Rheinland (Speyer, Worms, Mainz, Köln). Das Militär brach später auf. An-

Angriff der Kreuzfahrer auf Jerusalem, französische Buchmalerei, 14. Jh., Ms. Français 22495, fol.69 v. Paris, Bibliothèque Nationale

führer waren Raimund IV. von Toulouse, Gottfried von Bouillon und seine Brüder sowie Bohemund von Tarent. Ihnen gelang 1099 die Eroberung von Jerusalem, wo sie unter den Einheimischen schreckliche Massaker anrichteten. Es kam zur Errichtung des »Königreiches Jerusalem«, dessen König Balduin von Bouillon wurde und das 1187 wieder verloren ging. Weitere Kleinstaaten der Kreuzfahrer waren das Fürstentum Antiochien sowie die Grafschafen Edessa und Tripolis.

Der **Zweite Kreuzzug** (1147–1149), für den sich vor allem Bernhard von Clairvaux eingesetzt hatte und der von den Königen von Frankreich und Deutschland geführt wurde, endete mit einem Sieg der Türken.

Der **Dritte Kreuzzug** (1189–1192) hatte die Wiedereroberung Jerusalems zum Ziel und wurde von dem alten Kaiser Friedrich I. Barbarossa geführt, der anfangs gegen die Türken siegte, aber nach der Schlacht den Tod fand. Richard I. Löwenherz von England und König Philipp II. von Frankreich gelang es nicht, Jerusalem zu erobern. Sie erreichten aber einen Waffenstillstand mit Sultan Saladin, der christlichen Pilgern den Besuch von Jerusalem ermöglichte.

Während des **Vierten Kreuzzuges** (1202–1204) kam es 1203/04 zur Eroberung und Plünderung Konstantinopels, wo dann ein Lateinisches Kaisertum errichtet

Kinderkreuzzug
So unglaublich es klingt: Es gab auch einen Kreuzzug der Kinder. 1212 brachen Tausende von Kindern unter der Führung des zehnjährigen Stephan aus Frankreich und des zwölfjährigen Nikolaus von Köln zu einem Kreuzzug nach Palästina auf, der schon in Italien zu Ende war. Viele der Kinder starben oder wurden als Sklaven verkauft.

wurde, das bis 1261 existierte. Ein für die Ostkirche traumatisches Ereignis, das die Entfremdung beider Kirchen endgültig besiegelte. Dabei wurde auch die Kopfreliquie des Hl. Andreas, auf den sich die Orthodoxe Kirche zurückführt, geraubt und nach Rom gebracht. 1964 ließ Papst Paul VI. diese Reliquie feierlich als Zeichen der Versöhnung wieder an die Orthodoxe Kirche zurückgeben.

Kaiser Friedrich II. konnte beim **Fünften Kreuzzug** (1217–1221) die Rückgabe Jerusalems an die Christen erreichen, 1244 verloren die Christen aber die Stadt für immer. Der **Sechste Kreuzzug** (1248–1254) unter König Ludwig IX. von Frankreich endete für diesen mit einer Niederlage und seiner Gefangennahme. 1270 versuchte er nochmals erfolglos einen **Siebten Kreuzzug**. 1291 war die Kreuzzugsbewegung mit dem Verlust von Akko, dem letzten Bollwerk der Kreuzfahrer in Palästina, endgültig beendet.

Die Kreuzfahrer erobern Konstantinopel, französische Buchmalerei, 1375/79, Ms. Français 2813, fol.245 v. Paris, Bibliotheque Nationale

Die Kreuzzüge erreichten keines der konkret angestrebten Ziele. Allerdings kam es zu einem wirtschaftlichen Aufschwung durch Fernhandel, die Identität der christlichen Kirche wurde gestärkt ebenso wie die nationale Identität der einzelnen Länder des Abendlandes und das Papsttum. Gravierender waren

aber die Folgen durch die Entfremdung nicht nur zwischen West- und Ostkirche, sondern auch zwischen Christentum, Judentum und Islam. Für Judentum und Islam waren die Kreuzzüge eine traumatische Geschichtserfahrung. Der christliche Antijudaismus, die judenfeindliche Einstellung, nahm zu. Da die Christen nun den Fernhandel übernahmen, den vorher die Juden ausgeübt hatten, blieb den Juden letztlich nur der Geldhandel, um zu überleben. Bis heute wirft man vor allem von islamistischer Seite dem Westen Kreuzfahrertum vor.

Der Kampf für den wahren Glauben – »Ketzer« und Inquisition

Im Zuge der Armutsbewegung entstanden auch Bewegungen, die sich nicht nur die Armut zum Ziel setzten, sondern auch Kritik an der offiziellen Kirche übten und so in Gegensatz zu ihr gerieten und letztlich als Häretiker verfolgt wurden. Zu nennen sind vor allem die Bewegungen der Bogomilen, der Katharer und der Waldenser. Bogomilen und Katharer hatten einige Ideen von der antiken Religion des Manichäismus (s. S. 32 f.) übernommen, so vor allem einen Dualismus, der die Welt in Gut und Böse einteilte.

Die **Bogomilen** (slaw. = Gottesfreunde) formierten sich als Bewegung im 10. Jh. in Bulgarien und verbreiteten sich in Kleinasien und auf dem Balkan. Sie vertraten eine dualistische Weltauffassung und lehnten sowohl das Alte Testament als auch die Sakramente und den prunkvollen Reichtum der Kirche von Byzanz ab. Ihr Ende erfolgte mit der türkischen Eroberung Bosniens um 1463.

Die Bewegung der **Katharer** (griech. = die Reinen, wovon sich auch das Wort Ketzer ableitet) entstand um 1100 in Südfrankreich und Oberitalien und breitete sich von dort in Europa aus. Die Katharer waren durch die Bogomilen beeinflusst und werden auch Albigenser, Neumanichäer oder Apostoliker genannt. Sie besaßen keine dogmatische Lehre, betonten aber einen radikalen Dualismus zwischen Gut und Böse und ein Armutsideal im Sinne von Franz von Assisi. Sie entwickelten sich zu einer Art Gegenkirche, die von der Inquisition brutal als Ketzer verfolgt und bekämpft wurde (vor allem während der sog. Albigenserkriege 1209–1229, die von Papst Innozenz III. organisiert wurden). Bis zum 15. Jh. konnten die Katharer aber trotzdem überleben.

Die Bewegung der **Waldenser** geht auf den Kaufmann Petrus Waldes (gest. vor 1218) aus Lyon zurück. Dieser wendete sich im Jahr 1175 – ähnlich wie Franziskus von Assisi – von einem Leben in Reichtum ab, verteilte sein Vermögen an die Armen und lebte fortan selbst in Armut. 1184 wurde diese Laienpredigerbewegung von der offiziellen Kirche ausgeschlossen, da die Waldenser Papsttum, Hierarchie, Sakramente etc. ablehnten. Die Waldenser wurden wie die Katharer, von denen sie einiges übernahmen, von der Inquisition bekämpft, konnten sich aber, wenn auch nur als kleine Minderheit, bis in die Gegenwart halten.

Die **Inquisition** (lat. = Untersuchung) war sowohl das Gerichtsverfahren als auch die kirchliche Behörde mit der Aufgabe, den Abfall vom rechten Glauben zu verfolgen, zu untersuchen und zu bestrafen. Sie richtete sich also nicht gegen Ungläubige, sondern gegen Christen, die vom Glauben abfielen. Schon in der Alten Kirche gab es kirchliche Gesetze gegen die Häresie, etwa gegen den Arianismus und den Donatismus (»Codex Theodosianus«, 438). Während der Kämpfe gegen die Katharer wurde das *Sanctum Officium* (lat. = Heiliges Amt, d. h. die Inquisition) 1232 in Rom eingerichtet. Es war ein Gerichtshof, der vom Papst geleitet und fast ausschließlich mit Dominikanern besetzt war. Bei dem Prozessverfahren wurden Denunzianten bzw. Zeugen nicht genannt, es gab überhaupt keine Verteidigung und nur manchmal eine Anhörung. Geständnisse wurden oft durch Folter erpresst. Die Tötung der

Dominikus als Leiter der Inquisition, Pedro Berruguete, um 1495, Öl auf Holz. Madrid, Museo del Prado

Beschuldigten (meist durch öffentliche Verbrennung) wurde aus rechtlichen Gründen den staatlichen Behörden überlassen. Auch die späteren Hexenprozesse sind Inquisitionsverfahren. In der Zeit der Gegenreformation kam es noch einmal verstärkt zu Inquisitionsprozessen. Auch die Reformation kannte die Inquisition (z. B. gegen die Wiedertäufer).

Besonders in Spanien war die Inquisition verbreitet. Die spanische Inquisition ist insofern eine Sonderform, als sie staatlicherseits geleitet wurde. Ihre vornehmliche Aufgabe war es zu kontrollieren, ob die zum Christentum übergetretenen Juden (die sog. Marannen) und Mauren nicht doch rückfällig geworden waren und heimlich ihre alte Religion ausübten. Die Inquisitionsbehörde bestand offiziell bis ins 19. Jh. und wurde dann in die Glaubenskongregation umgewandelt.

Vernunft oder Glaube? – Scholastik als Theologie im Mittelalter

Im 11. Jh. entwickelte sich die Theologie zur Wissenschaft, ebenfalls Zeichen einer einflussreichen und selbstbewussten Kirche. Beispiel dafür ist die Scholastik (ca. 850–1350), die neben der Bibel auf den Schriften der Kirchenväter (vor allem des Augustinus) und der antiken griechischen Philosophie (vor allem des Aristoteles) basierte. Die Hochscholastik im 13. Jh. bildete den Höhepunkt. Als Hauptvertreter der Scholastik sind zu nennen Anselm von Canterbury (1033–1109), der »Vater der Scholastik«, Petrus Abaelard (1079–1142), Albertus Magnus (ca. 1200-1280), sein Schüler Thomas von Aquin (1225–1274), dessen Hauptwerk, die »Summa Theologica«, eine Gesamtdarstellung der christlichen Theologie ist, Johannes Bonaventura (gest. 1274) und Duns Scotus (gest. 1308). Die Scholastik war der Versuch einer allumfassenden, philosophisch-theologischen Welt- und Glaubenserkenntnis. Thematisch ging es vor allem um die Frage, ob Vernunft oder kirchliche Autorität als Grundlage der Wahrheit zu gelten hat. Dies führte später zu einem neuen Selbstverständnis des Menschen (Freiheit, Individualität) und der Trennung von Philosophie und Theologie. Während Luther der Scholastik ablehnend gegenüberstand, sodass sie in der evangelischen Theologie keine besondere Rolle mehr spielt, wirkt sie im Unterschied dazu in der katholischen Theologie bis heute nach.

Albertus Magnus am Schreibpult, Tommaso da Modena, 1352, Fresko. Treviso, Capitolo dei Domenicani

Zwei Päpste sind einer zuviel – das Abendländische Schisma und das Konzil von Konstanz

Nach dem Tod von Papst Innozenz III. gelang es den Nachfolgern nicht, die universale Macht des Papsttums zu erhalten. So versuchten die staufischen Kaiser im 12. und 13. Jh., Sizilien für sich zu gewinnen – für den Kirchenstaat eine Bedrohung. Insgesamt verlor das Abendland seine Einheit dadurch, dass sich in Europa Nationalstaaten mit eigenen Interessen zu entwickeln begannen. Allen voran war Frankreich auf dem Weg zur Großmacht. So nahm Philipp der Schöne den Kampf mit Papst **Bonifaz VIII.** (1294–1303) auf. Ein Papst, der zwar einen ausgeprägten Willen zur Macht hatte, aber der seine Machtlosigkeit buchstäblich am eigenen Leib erfahren sollte. Den Wunsch zur Macht verkündete Bonifaz auch in einer der bekanntesten

Bullen der Kirchengeschichte, der Bulle »Unam sanctam«. Danach gibt es nur eine heilige Kirche (»Unam sanctam ecclesiam catholicam«), außerhalb der Kirche gibt es kein Heil (»Extra ecclesiam nulla salus«) und das Oberhaupt der Kirche ist Christus, dessen Stellvertreter der Papst ist. Mit dem Sinnbild der zwei Schwerter, die die geistliche und weltliche Macht darstellen, verdeutlicht die Bulle ferner, dass sowohl die geistliche wie auch die weltliche Macht, also beide Schwerter, der Kirche zukommen. Die Kirche übt die geistliche Herrschaft aus, der König die weltliche, aber im Auftrag der Kirche.

Im Kampf gegen Philipp den Schönen von Frankreich sollte Bonifaz den Kürzeren ziehen. Eine Versammlung von Prälaten und Baronen in Paris hatte den Papst 1303 wegen Häresie, Gotteslästerung, Simonie, Unzucht, Zauberei und Ermordung seines Vorgängers angeklagt und forderte die Einberufung eines Konzils zur Absetzung des Papstes. Philipp der Schöne unterstützte das Anliegen der Versammlung, der Papst exkommunizierte ihn daraufhin. Nun ließ der französi-

Der Papstpalast in Avignon

sche König den Papst in Anagni (bei Rom) gefangen nehmen. Erst zwei Tage später wurde er wieder befreit und starb drei Wochen später.

Mit dem Vorfall bzw. Attentat von Anagni war deutlich geworden, dass der Papst an Macht eingebüßt hatte und er keine Könige mehr ein- und absetzen konnte wie noch Innozenz III. Frankreich gewann immer mehr Einfluss auf das Papsttum, immer mehr Kardinäle und Päpste waren Franzosen. Und Papst Clemens V. ließ sich nicht mehr in Rom, sondern direkt in Lyon zum Papst inthronisieren und machte 1309 Avignon zu seiner Residenz. Avignon war dann auch die Residenz seiner Nachfolger: Es war die Zeit des Exils von Avignon (1309–1377), dem das große abendländische Schisma folgte.

Das **Schisma** entstand durch die Doppelwahl von zwei Päpsten 1378. Es begann damit, dass Papst Gregor XI. aufgrund von Prophezeiungen der hl. Katharina von Siena und der hl. Brigitte von Schweden 1377 nach Rom zurückkehrte und dort 1378 starb. Zur Wahl des neuen Papstes hatten sich 16 Kardinäle versammelt, von denen elf Franzosen waren. Die römische Bevölkerung wollte verhindern, dass wieder ein Franzose Papst würde und versuchte die Wahl mit Nachdruck zu beeinflussen. Mit Papst Urban VI. wurde auch ein Italiener gewählt, aber die elf französischen Kardinäle und ein spanischer erklärten im Nachhinein die Wahl für ungültig, weil sie unter Druck gesetzt worden waren und wählten 1378 in Fondi einen Franzosen zum neuen Papst: Clemens VII., der wieder in Avignon residierte. Inzwischen entschieden sich auch die übrigen italienischen Kardinäle für Papst Clemens VII. Man hielt Papst Urban für geistesgestört aufgrund seines fanatischen und grausamen Verhaltens nach der Wahl. Die Kirche wurde nun von zwei Päpsten, einem in Rom und einem in Avignon, regiert – das war einer zuviel. Keiner der beiden Päpste wollte zurücktreten, jeder war von sich selbst und der Rechtmäßigkeit seines

Amtes so überzeugt, dass er sein Amt hartnäckig verteidigte. Dieses Schisma bzw. die Zeit, in der die Kirche zwei Päpste hatte, dauerte 40 Jahre lang. Es war eine Trennung, die sich durch die gesamte abendländische Christenheit, durch ganz Europa, die Diözesen und Pfarreien hinzog. Jeder Papst hatte seine Anhänger, seine eigenen Nachfolger und eigenen Kurien. Ämter und Pfründe wurden doppelt besetzt. Dies bedeutete einen hohen finanziellen Aufwand. Die Päpste von Avignon waren in ständiger Finanznot und versuchten auf allen erdenklichen Wegen, Geldabgaben rigoros unter Androhung von Bann einzutreiben. So gab es z. B. Kreuzzugssteuern, obwohl die Kreuzzüge längst vorbei waren. Vor allem in Deutschland führte dies zu steigernder Verärgerung. Jeder Papst bannte den anderen Papst und seine Anhänger, sodass letztlich die ganze abendländische Christenheit im Bannfluch lebte.

Zur Beendigung des Schismas schlug die Pariser Universität 1394 drei Wege vor: die Abdankung eines Papstes, die Entscheidung durch ein Schiedsgericht oder ein Allgemeines Konzil. Und durch ein Konzil erfolgte dann schließlich die Entscheidung und das Ende des Schismas. Nach dem Kirchenrecht darf niemand einen Papst richten, er ist nur Gott verantwortlich, und ein Konzil konnte nur mit päpstlicher Zustimmung stattfinden. Andererseits gibt es eine Klausel, dass im Falle der Häresie oder auch bei Geisteskrankheit eines Papstes durch ein Allgemeines Konzil dieser Tatbestand festgestellt und der Papst dann abgesetzt werden kann. Bisher hatte aber noch nie ein Konzil ohne Papst stattgefunden und deshalb zögerte man zunächst. An dem 1409 einberufenen Konzil in Pisa nahmen 100 Bischöfe, Bevollmächtigte von 100 Bischöfen und 200 Äbte teil. Man erklärte beide Päpste zu Häretikern, setzte sie ab und wählte einen neuen Papst, Alexander V. Aber weder Papst Benedikt XIII. in Avignon noch Papst Gregor XII. in Rom wollten sich absetzen lassen und so hatte man statt zwei nun sogar drei Päpste. Papst Alexander starb bereits 1410, sein Nachfolger wurde Johannes XXIII.

König Sigismund von Deutschland veranlasste 1414 ein Allgemeines **Konzil in Konstanz**, das endlich zur Entscheidung und zum Ende des Schismas führte. Papst Johannes nahm an dem Konzil teil, in der Hoffnung, dass er als Papst bestätigt würde. Aber das Konzil entschied sich für den Rücktritt von allen drei Päpsten. Bevor man Papst Johannes wegen seiner Vergangenheit den Prozess machen konnte, floh er aus Konstanz, versuchte aber immer wieder, das Konzil zu torpedieren und anzugreifen. Schließlich ließ ihn König Sigismund (1368–1437) verhaften. Die Wahl des neuen Papstes erfolgte durch 26 Kardinäle und je sechs Abgeordnete der fünf Nationen Europas und am 11.11. 1417 hatte man schließlich mit Papst Martin V. (1368–1431) einen neuen Papst und wieder die kirchliche Einheit erlangt. Dieser leitete nun das Konzil und beendete es 1418.

Hauptthema des Konzils war die Beendigung des Schismas, daneben kam es aber auch zur Verurteilung der »Irrlehren« von John Wycliff (ca. 1324–1384) und Jan Hus (1369–1415; s. S. 84), und die Reform der Kirche sollte ebenfalls ein Thema sein. Erfolg hatte das Konzil nur im ersten Punkt, der Wiederherstellung der kirchlichen Einheit unter einem Papst. Nicht erfolgreich verlief der Fall Jan Hus, der als Ketzer hingerichtet wurde, was langfristig die Hussitenkriege zwischen Anhängern und Gegnern von Hus zur Folge hatte. Und überhaupt nichts tat man in Sachen der an für sich dringend notwendigen Kirchenreform. Papst Martin V. wusste zu verhindern, dass es zu einer Diskussion der Kirchenreform kam.

Auch auf den Konzilien in Pavia/Siena 1423 und in Basel/Ferrara/Florenz 1437–1442 kam es zu keiner Reform der Kirche. Das blieb nicht ohne Folgen, denn es führte letztlich zur Reformation. Während des 17.

Allgemeinen Konzils in Basel/Ferrara/Florenz wurde in zwei Dekreten zum einen die Sündenlosigkeit Mariens und die Siebenzahl der Sakramente (Taufe, Firmung, Eucharistie, Buße, Krankensalbung, Priesterweihe und Ehe) festgelegt.

Ein dunkles Kapitel der Papstgeschichte war die Zeit der sog. **Renaissancepäpste**, die nach Papst Eugen IV. (1431–1447) folgte. Zu nennen sind Päpste wie Sixtus IV., Innozenz VIII., Alexander VI. oder Julius II. An den kirchlichen Problemen der Zeit – wie Reform, die Bedrohung Europas durch die Türken oder die Hilfe für die Ostkirche im Kampf gegen den Islam – scheiterten sie. Stattdessen missbrauchten sie das Papstamt zur persönlichen Vergnügungssucht und zu politischen Machtzwecken. Söhne, Enkel und Neffen der Päpste wurden mit Ämtern, Fürstentümern und Ländereien des Kirchenstaates bedacht, Ämter verkauft und gekauft. Alle Mittel waren dabei recht, von Korruption bis Gewalt. So verdankte Papst Innozenz VIII. (1484–1492), bekannt auch als Erbauer der Sixtinischen Kapelle, seine Wahl der Bestechung von verweltlichten Kardinälen und war weniger mit seinen päpstlichen Aufgaben beschäftigt als mit Vorteilen zu seinen Gunsten und die seiner unehelichen Kinder aus vorpriesterlicher Zeit. Er veranstaltete eine öffentliche Feier anlässlich der Hochzeit seines Sohnes Franceschetto mit einer Frau aus der Familie Medici und setzte seinen Enkel Giovanni de Medici im Alter von 13 Jahren in das Kardinalskollogium ein. Dieser Enkel war der spätere Papst Leo X. (1513–1521), der 1517 die Thesen Luthers als »Mönchsgezänk« bezeichnete und der Meinung war: »Lasst uns das Papsttum genießen, da Gott es uns verliehen hat.« Alexander VI. (1492–1503) verdankte ebenfalls korrupten Kardinälen seine Wahl zum Papst, und auch ihm war die Versorgung seiner vier Kinder aus vier unehelichen Beziehungen mit Fürstentümern wichtiger als die Amtsausübung. Seinen Sohn Cesare Borgia machte er schon mit sieben Jahren zum

Nicht immer war die Kirche die Versammlung von Heiligen, wie hier am Mittelportal der Westfassade der Kathedrale von Chartres (gotisch) dargestellt.

Protonotar, mit 16 Jahren zum Bischof von Pamplona, mit 17 Jahren zum Erzbischof von Valencia und mit 18 Jahren zum Kardinal, ohne dass dieser je die Priesterweihe empfangen hatte. Schließlich konnte auch Papst Paul III. aus der Familie der Farnese, der zwar Reformen förderte und einleitete, vier uneheliche Kinder aufweisen, für die er kraft seines Amtes sorgte. Dieser Lebenswandel der Päpste lässt auch auf den der Bischöfe und des übrigen Klerus schließen.

Alexander VI. war der Papst, der **Hieronymus Savanarola** (1452–1598) auf dem Scheiterhaufen enden ließ. Savanarola, ein Dominikanermönch, rief in Florenz zu Reform und Buße auf und gründete innerhalb des Dominikanerordens eine eigene Reformkongregation. Er kritisierte die Medici und auch Papst Alexander VI. Der Papst verbot Savanarola daraufhin zu predigen und exkommunizierte ihn. Savanarola forderte nun ein Allgemeines Konzil zur Feststellung der Unrechtmäßigkeit des Papstes. Alexander VI. drohte der Stadt Florenz mit einem *Interdikt* (Verbot), wenn Savanarola nicht zum Schweigen gebracht würde. Dies gab den Feinden Savanarolas Auftrieb, sodass sie ihn vor Gericht brachten, wo er zum Tode verurteilt wurde.

John Wyclif (ca. 1324–1384), Professor an der Universität in Oxford, vertrat eine radikale Auslegung Augustins. Er lehnte die Transsubstantiationslehre, den Ablass, den Zölibat der Priester, die Kirche als sakramentale Heilsgemeinschaft sowie die Hierarchie und den Reichtum der Kirche ab. Er betonte die Autorität der heiligen Schrift als Gesetz Gottes. Für ihn hatte ein Papst oder Geistlicher, der in Todsünde lebte, seine Autorität verloren. Er plädierte für eine »Kirche der Prädestinierten«, die durch ein verinnerlichtes Leben in Armut gekennzeichnet ist. Entsprechend forderte er auch eine Umwandlung des Kirchenbesitzes in staatlichen Besitz. Wyclif war zunächst sehr erfolgreich und fand die Unterstützung des Adels, verlor aber später an Popularität. Er übersetzte einen großen Teil der »Vulgata« (der lateinischen Bibelübersetzung) ins Englische. Sein Leichnam wurde 1428 wieder ausgegraben, um ihn zu verbrennen.

Jan (Johannes) Hus (1359–1415) war Priester in Böhmen, später Professor an der Prager Universität. Er wurde stark von den Ideen Wyclifs beeinflusst. Er lehnte die Transsubstantiationslehre, den Ablass und die Bilderverehrung ab und betonte die Autorität der Bibel. Er versetzte durch seine Predigten, in denen er sich auch für nationale Ziele der Tschechen einsetzte, Böhmen und Mähren in Aufruhr. Der Papst exkommunizierte ihn. Man lud ihn zum Konzil nach Konstanz ein. Dazu versprach ihm König Sigismund freies Geleit. Aber nach dem ersten Verhör wurde Hus in verräterischer Weise gefangen genommen. Man verurteilte ihn als Häretiker, Hus wehrte sich gegen diesen Vorwurf und weigerte sich, 30 häretische Sätze und Irrlehren von Wyclif aus seinen Schriften zu widerrufen. Schließlich wurde Hus als Ketzer verbrannt. Es folgten die Hussitenkriege (1420–31) in Böhmen und Deutschland.

Ein weiterer Vorläufer der Reformation ist auch die **Devotio moderna**, eine Bewegung »neuer Frömmigkeit«, die 1380 von dem Niederländer Gerhard Groote (1340–1384) begründet wurde. Aus seinem Anhängerkreis der *Brüder vom gemeinsamen Leben* ging als deren bekanntester Vertreter Thomas von Kempen (gest. 1471) hervor. Nicht so sehr Kirche, Liturgie, Eucharistie und Sakramente als vielmehr die Meditation über die Bergpredigt und das Leiden Christi standen dabei im Vordergrund. In Kempens Buch »Nachfolge Christi« kommt vor allem der privaten Lesung der Bibel eine besondere Rolle zu.

Wilhelm von Ockham (1290–1349), ein Franziskanermönch aus England, begründete die *Via moderna* (auch Nominalismus genannt) – im Gegensatz zur *Via antiqua* der Scholastik. Während die *Via antiqua* der Scholastik den Standpunkt vertrat, dass den Ideen bzw. Begriffen eine reale Existenz zukomme, lehnt die *Via moderna* dies ab. Für sie sind die Begriffe abstrakt, nur den Einzeldingen kommt eine reale Existenz zu. Ockham war ferner – ebenfalls im Gegensatz zu Thomas von Aquin – der Ansicht, dass sich Schöpfung und Mensch nicht mit Gott vergleichen ließen und dass der Mensch nur von Gott wissen kann, wenn Gott sich ihm offenbart. Da die Bibel als Heilige Schrift die Offenbarung Gottes darstellt, kann nur die Bibel die Basis des Glaubens sein. Nicht nur diesen Grundsatz, sondern auch die Ansicht, dass nur der Glaube zu Gott und zum Heil führt und dass der Mensch nur durch die Gnade, nicht aus eigener Kraft zum Heil gelangt, übernahm später Luther von Ockham (in seiner Lehre von den drei Prinzipien *sola scriptura, sola fides, sola gratia*; s. S. 87).

Erasmus von Rotterdam (1469–1536), Augustinermönch, war sowohl durch den Kontakt mit den *Brüdern vom gemeinsamen Leben* der *Devotio moderna* als auch mit Thomas Morus (1478–1535), John Fisher (1469–1535) und John Colet (1467–1519) beeinflusst. Er war einer der bekanntesten Vertreter des Humanismus (einer an der Antike orientierten wissenschaftlich-philosophischen Kulturbewegung der Renaissance) und kritisierte die kirchlichen Missstände scharf. Erasmus sah in Martin Luther zunächst ebenfalls einen Humanisten und trat auch 1520 bei einem Treffen mit Luthers Landesherren Friedrich III. für den Reformator ein, aber er lehnte den Nominalismus Luthers ebenso ab wie die Revolution. Erasmus begründete die Vermittlungstheologie, die auf katholischer wie protestantischer Seite viele Anhänger fand und bis in die 1560er Jahr wirkte.

Die Neuzeit: Reformation und der Weg in die Moderne (1500 bis zur Gegenwart)

Die Neuzeit umfasst die Zeit von 1500 bis zur Gegenwart. Sie ist zunächst entscheidend durch Martin Luther und die Reformation sowie der damit verbundenen Glaubenskämpfen und der Entstehung einer neuen, protestantischen Kirche geprägt. Zum anderen ist die Neuzeit gekennzeichnet durch den Weg der Kirchen zur Weltkirche und in die moderne Zeit (Aufklärung, Französische Revolution, Säkularisation etc.), der nicht ohne Konflikte verlief. Auch heute sind die Kirchen gefordert, sich den aktuellen Problemen der Zeit zu stellen wie Globalisierung, Ökumene, Fundamentalismus oder neue Religiosität.

Martin Luther und die Folgen

Martin Luther (1483–1546) wurde in Eisleben geboren als Sohn eines zu Wohlstand gekommenen Bergmannes. Er besuchte die Grundschule in Mansfeld, anschließend die Domschule in Magdeburg, wo er durch die »Brüder vom gemeinsamen Leben« mit der *Devotio moderna* in Berührung kam, und schließlich die Schule in Eisenach. Von 1501 an studierte er an der Philosophischen Fakultät der Universität Erfurt, wo er den Nominalismus der *Via moderna* (s. S. 85) kennenlernte. Eigentlich wollte er ein Jurastudium beginnen, aber am 2.7.1505 auf dem Weg nach Erfurt wurde er in Stotternheim von einem schwerem Gewitter überrascht. Als ein Blitz direkt neben ihm einschlug, versprach er in Todesangst, ins Kloster einzutreten, wenn er das Unwetter überlebe. Bereits am 17.7.1505 machte er dieses Versprechen wahr, trat – gegen den Willen seines Vaters – in das Kloster der Augustiner-Eremiten in Erfurt ein und empfing schon 1507 die Priesterweihe. Obwohl Luther ein vorbildliches Leben als Mönch führte, quälten ihn starke religiöse Selbstzweifel, vor allem bezüglich der Frage, ob er wirklich fähig sei, Vergebung und Heil aufgrund von Liebe und nicht aus Angst vor der Strafe Gottes zu erlangen, verbunden mit der Frage nach einem gnädigen Gott. Eine

Hilfe in dieser Zeit war für ihn sein Ordensoberer Johann von Staupitz. Luther absolvierte ein Theologiestudium in Wittenberg mit dem Doktorgrad (1512), wobei er durch die Scholastik geprägt wurde. Er machte zwischendurch eine Romreise (1510/11) und hielt ab 1513 Vorlesungen an der Universität Wittenberg über die Psalmen und Paulusbriefe (Römer-, Galater- und Hebräerbrief). Besonders die Beschäftigung mit den Paulusbriefen führte ihn zu der Frage nach der Gnade und Gerechtigkeit Gottes. Im Turmzimmer des Klosters in Wittenberg (daher »Turmerlebnis« genannt) kam er schließlich aufgrund von Röm 1,17 (»Der Gerechte wird leben aus dem Glauben«) zu der Erkenntnis: Die Gerechtigkeit Gottes ist nicht durch Strafe und Belohnung, sondern durch Gnade und Barmherzigkeit gegenüber dem Sünder gekennzeichnet. Nicht die Vermittlung des Heiles und der Gnade durch Kirche und Sakramente, sondern allein der Glaube ist entscheidend für das Heil und nur die heilige Schrift ermöglicht dem Menschen Glaube und Gnade.

Martin Luther, Gemälde von Lucas Cranach d. Ä., 1526, Eisenach

Damit kam Luther zu einem neuen Standpunkt, der ihn von der katholischen Kirche unterschied und zur Grundlage des späteren Protestantismus wurde; er ist in dem **dreifachen Sola** (lat. = allein) zusammengefasst:

1. *Sola gratia:* Allein durch Gnade ist der Mensch gerechtfertigt, nicht durch seine Werke.

2. *Sola fide:* Allein durch Glaube bzw. gläubiges Vertrauen erlangt der Mensch Heil und Erlösung, nicht durch die Kirche und Sakramente (auch Fiduzialglaube genannt, von lat. *fiducia* = Vertrauen).

3. *Sola scriptura:* Allein die Heilige Schrift ist die Basis des Glaubens und der theologischen Erkenntnis, und nicht die Tradition.

Ausgelöst wurde die Auseinandersetzung zwischen Luther und der katholischen Kirche durch den sog. Ablassstreit. Ablass ist – nach der in der Scholastik entwickelten Vorstellung – der Erlass von kirchlichen

Bußstrafen aufgrund von Verdiensten und Werken. Christus und die Heiligen haben einen Überschuss an solchen Verdiensten erworben, sodass die Kirche diesen Überschuss an bedürftige Personen weitergeben kann. D. h. durch bestimmte Leistungen wie Geld oder Almosen konnten die Strafen für die Sünden erlassen werden. Das galt auch für die Verstorbenen im Fegefeuer. Z. Zt. Luthers war es zu schwerem Missbrauch des Ablasses als kirchlicher Geldeinnahmequelle gekommen, es wurde ein regelrechter Ablasshandel betrieben, bei dem das Seelenheil zum Geschäft wurde. Anlass war nicht nur die Bereicherung von einzelnen Bischöfen, sondern vor allem auch die Finanzierung des neuen Baus der Peterskirche in Rom. Erst sehr viel später, zu spät, kam es auf dem Konzil von Trient zu einer Reform des Ablasses in der katholischen Kirche.

Vor allem die Ablasspredigten von Johann Tetzel (1465–1519) veranlassten Luther schließlich, 95 **Disputationsthesen** zu verfassen und am 31.10.1517 (der 31.10. ist heute Reformationstag) an den Erzbischof von Magdeburg-Mainz (Albrecht von Brandenburg) und den Bischof von Brandenburg (Hieronymus Schulz) zu senden. Die Thesen verbanden Vorschläge von Reformen mit der Kritik am Ablass. Luther betonte in seinen Thesen aber auch besonders die Bedeutung der Buße als Umkehr sowie die Bedeutung der Heiligen Schrift und behandelte die Frage der kirchlichen Autorität und des Papstes, der Sakramentenlehre. Luther bat um Aufklärung und um Zurückhaltung in den Ablasspredigten. Die Thesen wurden nicht an die Schlosskirche in Wittenberg geschlagen, aber sie wurden gedruckt und so in Deutschland schnell bekannt. Erzbischof Albrecht von Magdeburg-Mainz verklagte daraufhin Luther beim Papst, denn er führte ein Ablasshandelsgeschäft mit dem Bankhaus der Fugger und sah sich durch Luthers Aufruf finanziell geschädigt. In Rom wurde auf Initiative Tetzels 1518 ein Prozess gegen Luther eröffnet wegen Ketzerei und Verbreitung neuer Lehren. Auch Kaiser

Maximilian I. plante, gegen Luther vorzugehen. Luther konnte aber den für ihn zuständigen Kurfürsten von Sachsen, Friedrich den Weisen, für sich gewinnen. Dieser erreichte, dass Luther im Oktober 1518 nicht in Rom, sondern in Augsburg während des Reichstages von Kardinal Thomas Cajetan verhört wurde. Luther wurde aufgefordert, seine Thesen zu widerrufen, weigerte sich aber und floh heimlich. Er richtete einen Appell an den Papst und an ein Allgemeines Konzil. 1519 kam es in Leipzig zu einer Disputation zwischen Luther und dem Theologen Johannes Eck. Dabei erklärte Luther, von Eck in die Enge getrieben, auch der Papst und die Konzilien seien nicht frei von Irrtum. Für Eck, der darüber in Rom berichtete, ein klarer Fall von Häresie

Der Petersdom in Rom, dessen Aufbau durch den Ablasshandel finanziert wurde

1520 wurde der – bis zur Wahl Kaiser Karls V. nicht weitergeführte – Prozess gegen Luther in Rom wieder aufgenommen. In der Bulle »Exurge Domine« (= Erhebe dich, Herr!, 15.6.1520) wurde Luther der Bann angedroht, wenn er nicht 41 als »häretisch, ärgerniserregend, irrig (...) und der katholischen Lehre widersprechend« festgestellte Sätze aus seinen Schriften widerrufe. Eck überbrachte die Bulle an Luther.

Luther verfasste im Jahr 1520 drei bedeutende **Reformationsschriften**, in denen er die Fehler der Kirche und des Papsttums kritisierte:

1. »An den christlichen Adel deutscher Nation von des christlichen Standes Besserung«, in der er den Adel auffordert, die kirchlichen Reformen durchzufüh-

ren. Ferner befürwortet er darin ein allgemeines Priestertum und lehnt ein besonderes Priestertum ab. Es gäbe auch kein besonderes kirchliches Lehramt, die geistliche Gewalt stehe nicht über der weltlichen.

2. »Von der Babylonischen Gefangenschaft«, in der Luther die Gefangenschaft der Christen durch die von Menschen erschaffenen Gesetze wie z. B. Sakramentenlehre, Transsubstantiationslehre, Opfercharakter der Messe etc. beschreibt. Für Luther gibt es nicht mehr sieben, sondern nur noch zwei Sakramente: die Taufe und das Abendmahl (anfangs auch noch die Buße).

3. »Von der Freiheit des Christenmenschen«, in der Luther die Erlösung des Menschen durch Christus thematisiert und betont, dass der Mensch nicht gute Werke als Leistung bringen muss. Er ist davon frei, weil er das Heil durch Gnade erlangt. Es ist eine Freiheit zur Gottes- und Nächstenliebe.

Im Dezember 1520 verbrannte Luther ein Druckexemplar der päpstlichen Bulle in Wittenberg und erklärte den Papst in einer seiner Vorlesungen zum Antichristen. Rom reagierte im Januar 1521 mit der Verbannung Luthers durch die Bannbulle »Decet Romanum Pontificem«.

Luther setzte seine Hoffnungen auf Kaiser Karl V. Der aber verstand sich im mittelalterlichen Sinne als Schutzherr der Kirche, stand im Fall Luther auf Seiten Roms und wollte nach Luthers Exkommunikation von seiner Seite die Reichsacht über diesen verhängen. Luthers Schriften wurden verboten. Unterstützung fand Luther hingegen bei Kurfürst Friedrich dem Weisen, der sich für ihn einsetzte und ein Verhör Luthers auf dem **Wormser Reichstag** 1521 erreichte. Dafür wurde dem Theologen freies Geleit zugesichert. Luther wiederholte beim Verhör »widerrufen kann und will ich nichts«, was Kaiser Karl V. nun schließlich doch dazu veranlasste, mit dem »Wormser Edikt« die Reichsacht über Luther zu verhängen. Obwohl man Luther freies

Geleit zugesichert hatte, war die Lage für ihn so unsicher geworden, dass Friedrich der Weise ihn zum Schein überfallen ließ und ihn auf die Wartburg in Sicherheit brachte. Hier verbrachte er einige Monate inkognito als Junker Jörg, verfasste Kampfschriften und übersetzte vor allem die Bibel ins Deutsche. Es war zwar nicht die allererste deutsche Bibelübersetzung, aber Luthers Sprache und die Verbreitung durch den in dieser Zeit entstandenen Buchdruck machte sie schnell zur populärsten.

Martin Luther als Übersetzer der hebräischen Bibel ins Deutsche, Gemälde von Lucas Cranach d. J., 1561

Mit seinen Reformbestrebungen hatte Martin Luther den wunden Punkt bezüglich der Zustände in der Kirche getroffen und fand viele Anhänger vor allem in Sachsen, Preußen, in den Niederlanden, der Schweiz, Österreich, Tirol und in Mähren. Durch den Buchdruck fanden seine Schriften und Ideen auch in anderen europäischen Ländern Verbreitung.

1521 heirateten einige Priester und viele Mönche und Nonnen verließen ihre Ordensgemeinschaften, sodass ganze Klöster schließen mussten. Luther selbst trat 1524 aus dem Kloster aus und heiratete 1525 Katharina von Bora, eine ehemalige Nonne des Zisterzienserordens.

Es kam, angeregt nicht zuletzt durch Luthers Schriften, zu einem Aufstand der Bauern, der sich zu einer sozialen Massenbewegung in vielen Teilen Deutschlands (Schwarzwald, Schwaben, Franken, Elsass, Thüringen, Tirol und Kärnten) entwickelte, dem sog. **Bauernkrieg** (1524/25). Neu waren dabei nicht die Forderungen der Bauern nach sozialen und politischen Verbesserungen, sondern die Berufung auf das Evangelium. Luther ermahnte die Bauern 1525 zunächst zum Frieden. Als er damit keinen Erfolg hatte, stellte er sich dann aber mit seiner Schrift »Wider die räuberischen und mörderischen Rotten der Bauern«, gegen sie und unterstützte die Gegenseite, die Fürsten. Die Bauernbewegung wurde niedergeschlagen, viele Bauern kehrten, enttäuscht von Luther, zur katholischen Kirche zurück. Nach dem Bauernkrieg kam es zur sog. Fürstenreformation und zur Ausbildung der evangelischen Landeskirchen, wobei der Fürst des jeweiligen Landes zugleich Landesherr und Bischof war. Man spricht daher vom »Landesherrlichen Kirchenregiment«. Dieses Landesherrliche Kirchenregiment wurde erst 1918 beendet – mit dem Ende der Monarchie in Deutschland.

1529 beschloss der 2. Speyerer Reichstag die Durchführung des Wormser Ediktes. Dagegen protestierten die auf Seiten Luthers stehenden Reichsstände und wurden von nun an »Protestanten« genannt. Zu ihnen gehörten Kursachsen, Brandenburg, Lüneburg, Hessen, Anhalt und 14 Reichsstädte (z. B. Straßburg, Nürnberg, Ulm und Konstanz).

Confessio Augustana, Schmalkaldischer Krieg und Augsburger Religionsfrieden

Auf dem Augsburger Reichstag 1530, an dem auch Karl V. teilnahm, sollte über die Türkengefahr und vor allem über die Einheit des Glaubens diskutiert werden. Melanchthon, der Luther vertrat, trug die *Confessio Augustana* vor, eine Bekenntnisschrift, die später für den Protestantismus als Lehrgrundlage große Bedeutung erlangte und die bis heute für evangelische Pfarrer verpflichtend ist. Strittige Punkte waren Laienkelch, Priesterehe, Ordensgelübde, Rückgabe des von den protestantischen Fürsten übernommenen Kirchengutes und der Opfercharakter der heiligen Messe. Man gab sich auf beiden Seiten kompromissbereit, Rom aber verschob eine konkrete Lösung auf das nächste Konzil. Dieses, das Trienter Konzil von 1545–63, fand aber viel zu spät statt: Es kam zu keiner gemeinsamen Lösung der Glaubensfragen.

Die Confessio Augustana wird von dem sächsischen Kurfürsten Johann dem Beständigen an Kaiser Karl V. übergeben. Gemälde, um 1656, Rosstal, Evang.-Luth. Kirchengemeinde

1531 kam es in der sächsischen Stadt Schmalkalden zur Gründung des Schmalkaldischen Bundes zwischen Sachsen, Hessen und einigen Städten. Der Bund hatte die Verteidigung des evangelischen Glaubens gegenüber der Politik Kaiser Karls V. zum Ziel. Weitere Fürsten und Städte schlossen sich an, aber mit dem Sieg Karls V. im **Schmalkaldischen Krieg** (1546/47) zerfiel der Bund. Kaiser Karl V. allerdings war es nicht gelungen, sein Ziel, die Wiederherstellung der Glaubenseinheit in einem neu geordneten Europa, durchzusetzen. So kam es 1548 zum Augsburger »Interim«, einer vorläufigen Regelung bis zum nächsten Konzil

Im Passauer Vertrag von 1552 schließlich vereinbarten Lutheraner und Katholiken die gegenseitige Duldung und somit die Gleichberechtigung beider Konfessionen. Auf dem Reichstag von Augsburg kam es am 25.9.1555 zum **Augsburger Religionsfrieden**, der die Gleichberechtigung der Katholiken und Lutheraner vorsah. Ausgenommen davon waren die Anhänger Zwinglis, Calvins, die Täufer etc.; sie waren erst mit dem Westfälischen Friedern 1648 gleichberechtigt. Die Gleichberechtigung, das sog. *Jus reformandi* (lat. = Reformationsrecht), sah in der Praxis so aus, dass der jeweilige Landesherr die Konfession in seinem Land frei bestimmte. In jedem Land sollte es nur eine Konfession geben. Die Untertanen dagegen mussten die

Vergleich Ev.-Lutherische und Röm.-Katholische Kirche		
	Lutherische Kirche	**Röm.-Katholische Kirche**
Papst	Ablehnung des Papstamtes	Papst als Lehrautorität
Glaubens-grundlagen	*Sola Scriptura:* Allein die Heilige Schrift ist die Basis des Glaubens	Heilige Schrift und Tradition sind die Grundlage des Glaubens
	Sola gratia: Allein durch Gnade ist der Mensch gerechtfertigt, nicht durch seine Werke	Werke und Verdienst führen zum Heil
	Sola fide: Allein durch Glaube erlangt der Mensch Heil und Erlösung, nicht durch die Kirche und Sakramente	Vermittlung von Heil und Gnade durch die Kirche und die Sakramente
	Gegenwart Jesu bei der Feier des Abendmahles	Transsubstantiation = „Wesensverwandlung" von Brot und Wein in Fleisch und Blut Christi in der Eucharistie
Priestertum / Laien / Klerus	Allgemeines Priestertum der Laien / Heirat für Pfarrer möglich, Frauenordination / kein Mönchtum	Priesterweihe = Sakrament, daher unterscheidet sich der Priester substanziell von den Laien / Zölibat für Klerus / Mönchtum
Sakramente	Zwei Sakramente: Taufe und Abendmahl	Sieben Sakramente: Taufe, Firmung, Eucharistie, Buße, Letzte Ölung, Priesterweihe und Ehe
Heiligen- und Marienverehrung	Ablehnung der Heiligen- und Marienverehrung	Heiligen- und Marienverehrung

Konfession ihrer Landesherren annehmen oder auswandern (lat. *cuius regio, eios religio* = »wessen Herrschaftsgebiet, dessen Religion«). Zudem gab es einen sog. geistlichen Vorbehalt, der vorschrieb, dass geistliche Reichsfürsten (Bischof, Reichsabt), die zum Protestantismus übertraten, ihr Amt und Territorium verloren.

Die Lutheraner machten zwischen 1560 und 1570 ca. zwei Drittel der deutschen Bevölkerung aus, die skandinavischen Länder waren ganz protestantisch geworden.

Ulrich Zwingli, Johannes Calvin und die Reformation in der Schweiz

Ulrich Zwingli (1484–1531) war der Reformator Zürichs und letztlich des größten Teiles der Schweiz. Er hatte in Wien und Basel studiert und in Konstanz die Priesterweihe erhalten. Geprägt war er durch Erasmus von Rotterdam und den Humanismus sowie von Martin Luthers Lehre. Aber im Unterschied zu Luther war er nicht Mönch, sondern Weltgeistlicher und seine Reformen hatten mehr praktische als subjektiv-religiöse Gründe. So lehnte Zwingli die Fastengebote und den Priesterzölibat ab. Er lebte schon länger mit einer Witwe zusammen, die er 1524 heiratete.

Die Reformation begann in Zürich 1522 durch den Bruch der Fastengebote und war schon 1523 mit Zwinglis 67 »Schlussreden« erfolgreich durchgeführt. Darin forderte er, die Messe abzuschaffen, die Klöster aufzuheben, die Bilder aus den Kirchen zu entfernen und die geistliche Jurisdiktion an den städtischen Gerichten zu übernehmen. Von Zürich breitete sich die Reformation aus (1524 in Bern), aber weitere Reformationsprojekte, die Zwingli mit Philipp von Hessen geplant hatte, wurden von Luther in Wittenberg behindert. Die Reformation in der Schweiz war durch eine enge politische und kirchliche Verbindung geprägt. Auch Zwingli musste sich – ähnlich wie Luther – mit radikalen Reformern, dem Bildersturm 1523 und 1524 mit den Täufern auseinandersetzen. Von Luther unterschied sich Zwingli besonders bezüglich der Auffassung des Abendmahles. Während Luther die reale Präsenz Christi beim Abendmahl betonte, verstand Zwingli das Abendmahl symbolisch.

Ulrich Zwingli, Gemälde von Hans Asper, 1531

Die **Wiedertäufer** sind eine den Schwärmern zuzuordnende Erweckungsbewegung, die während der Reformation entstand. Sie lehnten die Taufe der Kinder ab und forderten stattdessen die Wiederholung der Taufe im Erwachsenenalter. Auch die Verbindung von Staat und Kirche lehnten sie ab und beriefen sich auf die Heilige Schrift. Erstmals traten die Wiedertäufer 1521/22 in Wittenberg auf, in Zürich entstand 1524 die erste Gemeinde. Die Erwartung eines Neuen Gottesreiches führte im Februar 1534 zur Errichtung eines »Reiches Gottes zu Münster«, gekennzeichnet durch eine Schreckensherrschaft und Verfolgung der »Gottlosen«. Nach blutigen Kämpfen wurde die Herrschaft der Täufer in Münster im Juni 1535 beendet. Die Führer der Täufer wurden öffentlich hingerichtet und ihre Leichname in Käfigen am Dom von Münster ausgestellt. Die Täufer-Bewegung veränderte sich daraufhin zu einer verinnerlichten Erneuerungsbewegung. Man schloss die Radikalen aus und ein ehemaliger Priester namens Menno Simons übernahm 1536 die Führung. Gewaltlosigkeit und Weltabgewandtheit waren ihre Hauptforderungen. Die Mennoniten verbreiteten sich zunächst in Norddeutschland und am Rhein, dann auch in Holland und in der Schweiz und schließlich in Nordamerika und Russland. Auf die Täuferbewegung gehen auch die Baptisten in England und den USA zurück.

Johannes Calvin (1509–1564) wurde in Noyon als Sohn des Generalprokurators des Domkapitels von Noyon geboren und starb in Genf. Er studierte in Paris, war vom Nominalismus und Humanismus beeinflusst und erfuhr 1533 seine »plötzliche Bekehrung« zum Protestantismus. Während der Verfolgung der Protestanten in Frankreich musste er das Land verlassen und kam nach Basel, wo sein Hauptwerk »Institutio religionis Christianae« (»Unterricht im Christentum«) 1537 erschien. Nach einem Italienaufenthalt wollte Calvin wieder nach Frankreich zurückkehren, wurde aber in Genf gebeten, bei der Einführung der Reformation in der Stadt zu helfen. Er blieb in Genf, war als Prediger erfolgreich und fand 1536 eine Anstellung als Pfarrer. Calvin legte dem Stadtrat eine strenge Gemeindeordnung vor, zu streng, wie die Bürger fanden: Sie wählten den Stadtrat ab, Calvin musste die Stadt verlassen und ging nach Straßburg. Dort heiratete er Idelette von

Büren. Die Stadt Genf holte Calvin 1541 zurück, als seine Anhänger wieder die Mehrheit erlangten. Calvin organisierte die Stadt Genf nach seiner Kirchenordnung, den »Ordonances ecclésiastiques«, die zum Gesetz wurde. Diese Ordnung sah vier Ämter vor – Pastoren, Doktoren (Lehrer), Presbyter (Älteste) und Diakone – und forderte von den Bürgern einen vorbildlichen Lebenswandel: 56 Todesurteile und 78 Verbannungen zeugen von der strengen Kontrolle. Calvins Lehre betonte wie die anderen Reformatoren die Schrift, den Glauben und die Gnade. Im Unterschied zu ihnen versteht Calvin darüber hinaus aber den Glauben als Zeichen der Erwählung. Wer dem Glauben gemäß lebt, bewährt sich im irdischen Leben, hat Erfolg und ist so zum ewigen Leben erwählt. Diese Idee der Auserwählung ist für die Calvinisten die Antriebskraft im Alltags- und Berufsleben. Andererseits sind die Menschen, die nicht den Glauben besitzen, nicht auserwählt und von Gott verworfen. Hier greift Calvins Lehre von der doppelten Prädestination ein: Den Menschen ist es vorherbestimmt, entweder auserwählt oder verworfen zu sein. Für Calvin gibt es nur in der wahren, in der reformierten Kirche das Heil, nicht in der falschen Kirche. Bezüglich der Idee des Abendmahles unterscheidet er sich sowohl von Luthers Vorstellung der realen Präsenz Christi als auch von dem symbolhaften Verständnis Zwinglis dadurch, dass er eine geistige, eine pneumatische Präsenz Christi vertritt.

Johannes Calvin, Gemälde aus der Flämischen Schule

Auswirkungen hatte Calvins Lehre auch auf die **Hugenotten** (= »Eidgenossen«), die Protestanten in Frankreich, die sich schnell an Genf anschlossen. 1559 fand die erste Nationalsynode in Paris statt, auf der Calvins »Confessio Gallicana« zu ihrer Grundlage wurde. Etliche Adelsfamilien wurden Hugenotten, was die Gemeinschaft einerseits politisch festigte, sie andererseits in den Gegensatz zum französischen König brachte. Dadurch kam es zu den Hugenottenkriegen 1562–98, die fast zu deren Vernichtung führte. Höhepunkt war die sog. Bartholomäusnacht bzw. die Pariser Bluthochzeit am 23./24.8.1572: Heinrich von Navarra (1553–1610), Führer der Protestanten, heiratete die katholische Schwester des französischen Königs Karl IX. (1560–79) als Zeichen der Versöhnung. Die Hochzeit wurde durch einen Anschlag beendet, es folgten Massenmorde an den Hugenotten im ganzen Land. Als der französische König Heinrich III. 1589 starb, wurde der Hugenottenführer Heinrich von Navarra als Heinrich IV. Nachfolger auf dem Thron, musste sich den Königsthron aber mit dem Übertritt zur katholischen Kirche erkaufen. Heinrich IV. erließ für die Hugenotten 1598 das »Edikt von Nantes«, das ihnen religiöse und politische Sicherheit garantierte. Ludwig XIV. hob 1685 aber das Edikt wieder auf und wollte die Hugenotten zum Übertritt zum katholischen Glauben zwingen. Viele Hugenotten retteten sich durch Flucht, vor allem in die Schweiz, in die Niederlande und nach Deutschland. Die Protestanten erhielten erst im 18. Jh. in Frankreich Religionsfreiheit.

Der Calvinismus verbreitete sich vor allem im Norden der Niederlande, in Deutschland am Niederrhein, in Schottland und England und von da aus schließlich nach Nordamerika.

Ehescheidung mit Folgen: Heinrich VIII. von England und die Anglikanische Kirche

In England hatte die Reformation weniger religiöse als vielmehr politische Gründe, weil der Papst nicht der Bitte König Heinrichs VIII. (1509–1547) nachkam, seine Ehe aufzulösen und der englische König sich daraufhin von Rom abwandte.

Die 15jährige Katharina von Aragon war zunächst mit dem 14jährigen Bruder Heinrichs verheiratet worden, der bald starb. Daraufhin wurde sie dem 12jährigen Heinrich versprochen, den sie 1509 heiratete, als dieser König wurde. Der Papst hatte dafür extra die Dispens vom Verbot der Heirat von Schwägern erteilt.

Heinrich VIII.

Aus der Ehe gingen sieben Kinder hervor, die aber bis auf Maria (die spätere Königin) alle starben. 1527 wollte Heinrich VIII. nun die Hofdame Anne Boleyn heiraten, nicht zuletzt aufgrund seines Wunsches nach einem Thronerben. Als offiziellen Grund gab er Bedenken wegen der Schwagerehe an. Seine Frau Katharina erwiderte daraufhin, dass ihre Ehe mit dem Bruder Heinrichs nie vollzogen worden sei. Papst Clemens VII. verbot schließlich 1531 unter Androhung des Bannes, die Ehe zu annullieren. Heinrich VIII. ernannte nun Thomas Cranmer (1489–1556), den Hauskaplan der Familie Boleyn, zum Erzbischof von Canterbury. In dieser Funktion löste Cranmer 1533 die Ehe Heinrichs VIII. mit Katharina auf und vollzog die Trauung zwischen ihm und Anne Boleyn. Der Papst drohte Heinrich VIII., Anne Boleyn und Cranmer zu exkommunizieren, was er dann 1534 auch tat. England war aber inzwischen durch antipäpstliche Propaganda und entsprechende Gesetze im Parlament auf den Bruch mit Rom vorbereitet: am 3.11.1534 wurde der König das alleinige Oberhaupt der englischen Kirche. Durch Verfolgungen und Hinrichtungen der Gegner des Königs und der Anhänger der katholischen Kirche, unter ihnen auch der ehemalige Lordkanzler Thomas Morus, die Aufhebung von Klöstern und Einziehung des Kirchenbesitzes wurde die Trennung von Rom vollzogen.

In Fragen der Liturgie, Kirchenverfassung und Theologie war Heinrich mehr katholisch als protestantisch, war er doch nicht zuletzt vom Papst 1521 aufgrund seiner theologischen Bildung zum Verteidiger des Glaubens *(Defensor fidei)* ernannt worden. Deshalb konnte der Papst die Exkommunikation Heinrichs auch nicht mit dem Vorwurf der Häresie begründen, sondern nur mit dem des Schismas. 1539 stellte Heinrich VIII. »Sechs Artikel des Glaubens« auf, in denen er die Transsubstantiationslehre, die Kommunion unter einer

Gestalt, die Seelenmessen, die Ohrenbeichte, den Priesterzölibat und die Ordensgelübde bestätigte. Ansonsten zeigte sich Heinrich aber als Oberhaupt der englischen Kirche wenig christlich, nicht nur seine Gegner, sondern auch zwei seiner insgesamt sechs Frauen ließ er hinrichten. Cranmer verfasste 1553, nach dem Tod Heinrichs, 42 protestantische Glaubensartikel.

Maria die Katholische (1551–1558) führte mit Gewalt eine Rekatholisierung durch – mit nicht weniger als 273 Hinrichtungen. Wiederum mit Gewalt führte ihre Nachfolgerin Elisabeth I. (1558–1603) erneut den Protestantismus ein, verfolgte aber dabei in theologischer und liturgischer Hinsicht einen Mittelweg zwischen Protestantismus und Katholizismus. Seit 1960 bestehen zwischen katholischer und anglikanischer Kirche offizielle Kontakte.

Reform und Gegenreformation der katholischen Kirche

Mit der Reformation hatte die katholische Kirche den größten Teil der nordischen Länder verloren und in der folgenden Zeit vorläufig nur in Südwesteuropa (Italien, Spanien) eine feste Basis. Die Ereignisse der Reformation führten nun auch zu einer Reform der katholischen Kirche und zu einer Gegenreformation, in der die römisch-katholische Kirche in Abgrenzung zum Protestantismus weitgehend ihre heutige Gestalt angenommen hat.

Schon auf den Konzilien von Konstanz (1414/18) und Basel (1431) spielte die Reform der Kirche eine bedeutende Rolle. Auch für das 5. Laterankonzil (1512/17) wurde ein radikales Reformprogramm vorgelegt. Während die Renaissancepäpste und Rom versagten, machten sich in der übrigen Kirche Reformtendenzen bemerkbar. In allen Orden entstanden Reformzweige, und schließlich gehörte auch Luther einer Reformgruppe der Augustiner-Eremiten an. Schon er hatte ein

Die Lateranbasilika San Giovanni in Laterano ist als römische Bischofskirche »Haupt und Mutter aller Kirchen«. Der Lateranspalast daneben war bis ins späte Mittelalter die Residenz des Papstes.

Allgemeines Konzil gefordert, und auf dem Wormser Reichstag entstand ebenfalls die Idee, den Fall Luther auf einem Konzil zu klären. Aber die Päpste fürchteten um ihren Einfluss angesichts der Forderung der Reichsstände nach einem Konzil ohne Papst. Ihre Angst vor dem Verlust des Kirchenstaates war ein weiterer Grund, gegen ein Konzil zu sein. Nach einigen Hindernissen berief Papst Paul III. schließlich für 1545 ein Konzil in Trient ein, das dann auch stattfand.

Das Konzil von Trient (1545–1563) tagte in drei Sitzungen und beschäftigte sich vor allem mit der Glaubensspaltung, mit der Reform der Kirche und auch mit der Befreiung der unter Türkenherrschaft lebenden Christen. In der ersten Sitzung (1545–1548) lehnte man Luthers Lehren ab: Man betonte, dass sowohl die Heilige Schrift als auch die Tradition die beiden gleichwertigen Grundlagen des Glaubens seien – gegen Luthers *Sola scriptura* (»Allein die Schrift«, s. S. 87). Bezüglich der Rechtfertigung betonte man die eigenen Verdienste und Werke des Menschen, um Heil zu erlangen und verwarf Luthers Ansicht, dass der Mensch allein durch Glaube und Gnade zum Heil gelange. Die zweite Sitzung (1551/52) brachte keine bedeutenden Ergebnisse. Die dritte und letzte Sitzung (1562/63) kam u. a. zu folgenden Beschlüssen: Der Ablass sollte ohne Geldgewinn praktiziert werden. Die Transsubstantiationslehre erkannte man an, die Anzahl der

Sakramente legte man auf sieben fest, die *Vulgata* erklärte man zur offiziellen Bibel und die bis dahin als Apokryphen geltenden Schriften (wie z. B. Jdt, Tob, 1 Makk, 2 Makk) nahm man in den Kanon der Bibel auf. Das Konzil von Trient erreichte sein Ziel, die Einheit des Glaubens wiederherzustellen, nicht. Die Gegensätze wurden eher noch vertieft. Anderseits verhalf das Konzil der katholischen Kirche zur Festigung ihrer Identität und Erneuerung als »römisch-katholische« Kirche. Als Folge des Konzils führte Papst Pius V. eine Reform der liturgischen Bücher durch: So erschien 1566 der *Catechismus Romanus*, eine Zusammenfassung der katholischen Glaubenslehre, ferner 1568 ein neues Brevier, das *Breviarium Romanum* und 1570 eine neues Messbuch, das *Missale Romanum*. Zu erwähnen sind als weitere Folgen des Konzils die Anordnung der Durchführung von regelmäßigen Synoden und Visitationen der Bischöfe in den einzelnen Diözesen und die Einrichtung von 15 ständigen Kardinalskongregationen (heute 9), die jeweils für ganz bestimmte Aufgabenbereiche zuständig sind. Ferner wurden ständige Nuntiaturen in den einzelnen Ländern eingerichtet, deren Leiter (Nuntius) mit vielen Vollmachten ausgestattet waren. Insgesamt festigte man durch diese Neuerungen die Stellung von Papst und Kurie sowie den Zentralismus der Kirche. Das Konzil von Trient und der Jesuitenorden (s. u.) waren die beiden wichtigsten Faktoren der katholischen Erneuerung.

Die Jesuiten

Auch innerhalb der bisherigen Orden erfolgten Reformen und es entstanden eine Reihe neuer Glaubensgemeinschaften. Theresia von Avila (gest. 1582) und Johannes vom Kreuz (gest. 1591) erneuerten den Karmeliterorden. Neu gegründet wurden 1528 der Orden der Kapuziner, die sich von den Franziskanern abspalteten, 1535 der Orden der Ursulinen durch Angela Merici,

1572 die Barmherzigen Brüder durch Johannes von Gott, 1578 die Oblaten (eine Kongregation von Weltpriestern) durch Karl Borromäus und 1610 der Orden »Von der Heimsuchung Mariä« (später Salesianerinnen) durch Johanna Franziska Fremiot von Chantal und Franz von Sales.

Der bekannteste neu gegründete Orden ist aber der der Jesuiten bzw. der »Gesellschaft Jesu« (= *Societas Jesu*, abgekürzt SJ). Ihr Gründer war Ignatius von Loyola (1491–1556) aus Spanien. Loyola war zunächst Offizier im Heer Kaiser Karls V., wurde im Kampf gegen die Franzosen bei Pamplona 1521 schwer verletzt und erfuhr dadurch eine innere Wandlung. Er machte zunächst eine Wallfahrt zur Muttergottes von Montserrat und dann nach Palästina (1522–1524) und studierte schließlich in Alcalá, Salamanca und Paris. In Paris kam er mit Gleichgesinnten (Petrus Faber, Franz Xaver und anderen) zusammen und legte mit ihnen 1534 auf dem Montmartre die Gelübde der Armut und Keuschheit ab sowie das Versprechen, im Heiligen Land für die Kirche zu wirken oder sich dem Papst ganz zur Verfügung zu stellen. Da aus der Mission in Palästina nichts wurde, ging Loyola 1538 nach Rom, wo er bis zu seinem Tod lebte. Schon 1537 war er zum Priester geweiht worden, und 1540 bestätigte Paul III. die Gründung des Ordens der Jesuiten, dessen Ordensgeneral er wurde. Geprägt durch seine militärische Vergangenheit, verstand Loyola die Nachfolge Christi als Kampf und Dienst für das Reich Gottes. Der Orden ist zentralistisch aufgebaut, neben den üblichen Gelübden der Armut, Keuschheit und des Gehorsams kommt das Gelübde des unbedingten Gehorsams gegenüber dem Papst hinzu. Bekannt war auch Loyolas Buch »Geistliche Übungen«. Es handelt sich um Medita-

Der Jesuitenorden wird 1540 von Papst Paul III. bestätigt, vor ihm kniend Ignatius von Loyola.

tionen mit dem Ziel, den Leser zum Gehorsam zu und Dienst für Gott zu führen.

Die Jesuiten wirkten vor allem als Gelehrte und Erzieher und versuchten an Schulen, Priesterseminaren und Universitäten, eine geistliche und weltliche Elite für die katholische Kirche und im Sinne der Gegenreformation heranzubilden. Das Ziel war es, neben der humanistischen Bildung auch eine vertiefte Frömmigkeit zu erreichen, die Kirche und Staat neu prägen sollte. Jesuiten waren als Erzieher, Berater und Beichtväter von Fürsten- und Herrscherhäusern tätig, denn z. B. gerade in Deutschland waren nur wenige Fürstenfamilien katholisch geblieben (Habsburg, Wittelsbach und Pfalz-Neuburg). Der Jesuit Petrus Canisius (1521–1597) aus Nimwegen wurde der zweite »Apostel Deutschlands« genannt. Auch bedeutende Missionare gingen aus dem Jesuitenorden hervor, so z. B. Franz Xavier (1506–1552) als Missionar in Indien und Japan. Die Jesuitenmission zeichnete sich durch ihre Toleranz gegenüber den autochthonen Kulturen und Religionen aus (Akkommodation, s. S. 106), was ihnen nicht selten Kritik einbrachte. Die Jesuiten waren auch die Propagandisten des neuen Kunststiles des Barock, die Ordenskirche *Il Gesú* in Rom wurde weltweit zum Vorbild für ähnliche Kirchenbauten. Insgesamt ist der Barockstil ein Ausdruck des wiedererlangten Machtbewusstseins der katholischen Kirche. Nach dem Verfall des Ordens im 17. Jh. hob ihn der Papst 1773 auf, er wurde aber 1814 wiedergegründet.

Die Jesuitenkirche Il Gesú in Rom war Vorbild für viele barocke Kirchenbauten.

Weltmission und der Weg zur Weltkirche

Die *Mission* (lat. = Sendung), die Verbreitung des Christentums unter Andersgläubigen, gründet sich auf den Auftrag Jesu im Neuen Testament (Joh 17,18; 20, 21; Mt 28,18; Lk 24,47, Apg 1,8). Mitte des 15. Jh.s begann das **Zeitalter der Entdeckungen und Eroberungen** fremder Kontinente, wobei Spanien und Portugal die führenden Länder waren. Papst Alexander VI. teilte mit der Bulle »Inter ceterae« 1493 die ganze noch unentdeckte Welt in zwei Teile durch eine Linie im Atlantik auf: in eine Westhälfte, die er den Spaniern zusprach, und eine Osthälfte, die er den Portugiesen übergab. Legitimiert war diese päpstliche Weltaufteilung mit einem Missionsauftrag: Die Mission wurde somit der spanischen und portugiesischen Krone übergeben. Verbunden war damit sozusagen ein Freibrief zur Eroberung und Inbesitznahme der neu entdeckten Kontinente. Die Portugiesen drangen nach Afrika, Brasilien, Indien, China und Japan vor. Die Spanier entdeckten und eroberten Mittel- und Südamerika sowie Teile Nordamerikas. Mission, Eroberung und wirtschaftliche Ausbeutung der Einheimischen waren eng miteinander verbunden.

Für die autochthone Bevölkerung bedeutete das Unterdrückung, Schrecken, Gewalt und Ausbeutung. Nur

Der Platz der drei Kulturen in Mexiko City zeigt noch heute anschaulich, wie die Spanier ihre Kirche auf den indianischen Tempeln errichteten.

wenige Missionare kritisierten diese Zustände oder kämpften gar dagegen. Als einzige rühmliche Ausnahme sind Bartolomé de Las Casas (1474–1566) und Petrus Claver (1580–1654) zu nennen, die sich für eine bessere Behandlung der Indianer bzw. Afrikaner energisch einsetzten.

Die **Jesuiten** praktizierten mit der Akkommodation eine Art der Mission, die versuchte, sich der jeweiligen autochthonen Kultur so weit wie möglich anzupassen. Der Jesuit Roberto de Nobili (1577–1656) hatte sie erstmals in Madura (Indien) eingeführt, wo er wie ein Hindu unter Hindus lebte und viele der hinduistischen Riten (z. B. die Waschungen) in die christliche Liturgie und in das Gemeindeleben übernahm. Der Jesuit Matteo Ricci (1552–1610) praktizierte die Missionsmethode der Akkommodation in China und lebte am chinesischen Kaiserhof, wo er großes Ansehen genoss und für das Christentum 1657 Religionsfreiheit im Lande erreichte. Ähnlich wie Paulus bei den Griechen predigte Ricci den Chinesen, sie hätten mit dem »Herrn des Himmels« schon immer Christus verehrt. Ahnenkult und Konfuzius-Verehrung ließ Ricci soweit wie möglich ins Christentum übernehmen.

Die Mission der Akkommodation war äußerst erfolgreich und trotzdem – oder gerade deshalb, weil sie nicht zuletzt den Neid der ebenfalls missionierenden Dominikaner und Franziskaner hervorrief – wurde sie von Papst Benedikt XIV. 1742 verboten. Das war das Aus für die katholische Mission in Ostasien. Erst im 20. Jh. wurde das Verbot der Akkommodation aufgehoben und die christliche Mission in China machte wieder Fortschritte, wurde dann aber vom dortigen Kommunismus beendet.

Die **evangelische Mission** begann erst im 17./18. Jh., als auch die evangelischen Länder überseeische Kolonien gründeten. Maßgeblichen Anteil an der evangelischen Mission hatte der Pietismus (so z. B. die Herrnhuter Brüdergemeine, s. S. 110 f.) und andere Erweckungsbewegungen. Im 19. Jh. erfuhr dann die evangelische Mission durch die Erweckungsbewegungen, die katholische Mission durch das Wiedererstarken des Katholizismus eine Intensivierung. Verstärkt wurde dieser Trend durch die modernen Verkehrsmittel.

Indianische Tänzer vor der »Basilika« in Mexiko City, im Hintergrund das Denkmal von Papst Johannes Paul II.

Die katholische Mission erfolgte unter einheitlicher Leitung der päpstlichen Missionszentrale, die evangelische Mission durch verschiedene Missionsgesellschaften. Aus den missionierten Gebieten entstanden nach **Ende der Kolonialzeit** selbstständige Kirchen und Diözesen. Konnten Europa und die USA zu Beginn des 20. Jh.s noch 83% der bekennenden Christen weltweit aufweisen, so waren es zum Ende des 20. Jh.s nur noch ca. 40%, während Afrika, Lateinamerika, Asien und Ozeanien gleichzeitig 60% verzeichneten. Ein Problem heute ist die verstärkte Mission (evangelischerseits) durch Evangelikale und fundamentalistische Erweckungsbewegungen, die eine Zerstörung der ethnischen Identität und autochthonen Kulturen bedeutet.

Der Dreißigjährige Krieg

Die Gegensätze zwischen der protestantischen und der katholischen Kirche führten zu Spannungen zwischen protestantischen und katholischen Ländern, die in dem Dreißigjährigen Krieg, genannt nach seiner langen Dauer von 1618–48, eskalierten. Zunächst ein Krieg zwischen den Konfessionen, entwickelte er sich zu einer europäischen Machtauseinandersetzung.

1608 hatte sich unter Führung der calvinistischen Pfalz eine »protestantische Union« gegründet, zu der Württemberg, Baden, Ansbach, Kulmbach und (zu dieser Zeit) Pfalz-Neuburg gehörten. Frankreich, England, die Niederlande und später auch Schweden unterstütz-

Hexenwahn und Hexenverfolgung

Hexerei ist ein religiöses Phänomen, das es weltweit und zu allen Zeiten gegeben hat und gibt. Dabei werden Hexen und Hexer durchweg negativ gewertet. Man wirft ihnen Schadenszauber vor, gibt ihnen Schuld an Unglück, Unfällen etc. und verfolgt sie. Hexenverfolgung kann als eine Art von Konfliktbewältigung gesehen werden, sowohl in sozialer als auch psychologischer Hinsicht. So ist Hexerei und Hexenverfolgung häufig in bäuerlichen Gesellschaften anzutreffen, die durch soziale Abhängigkeiten und begrenzte Ressourcen geprägt sind. Individuelle Ängste, Frustrationen und Aggressionen können – vor allem in Krisenzeiten – Auslöser für Hexenverfolgungen sein. Hexen haben so fast immer die Funktion eines Sündenbocks.

Hexen, Francisco de Goya, Caprichos Nr. 68, 1793/98

In Europa kam es in der Zeit vom 14.–18. Jh. zu Hexenverfolgungen; ihr Höhepunkt lag zwischen 1590–1630 und erreichte die Ausmaße eines Massenmordes.

Die Hexenverfolgung war keine rein katholische Sache, auch bei Protestanten kam sie (wenn auch seltener) vor. Wurde eine Person als Hexe (seltener als Hexer) denunziert, so kam es zu einem Inquisitionsprozess, der fast immer mit einer Hinrichtung endete, da man unter Folter jedes Geständnis erpressen konnte. Die Hauptvorwürfe waren Bund und Geschlechtsverkehr mit dem Teufel, Schadenszauber (ein Relikt davon ist noch das heutige Wort »Hexenschuss«) und der Flug durch die Luft. Nach dem Volksglauben trafen sich die Hexen zum Hexensabbat; sie flogen dorthin, feierten sexuelle Orgien und schlachteten Kinder. Das grundlegende Buch der Hexenverfolgung war der »Hexenhammer« (»Malleus Maleficarum«, 1487) der Dominikanermönche Heinrich Institoris (1430–1505) und Jakob Sprenger (1435–1495). Es gab zwar auch Proteste Einzelner gegen die Hexenverfolgungen, die aber nicht viel ausrichteten, so vor allem Friedrich Spee von Langenfelds (1591–1635) Schrift »Cautio criminales« (»Vorsicht bei den Kriminalprozessen«, 1630/31), für die er fast selbst verbrannt worden wäre.

ten die »protestantische Union«. 1609 gründete sich eine »katholische Liga« unter Führung von Herzog Maximilian von Bayern, zu der die drei Kurfürsten bzw. Erzbischöfe von Mainz, Köln und Trier sowie eine Reihe von Bischöfen und Reichsäbten in Süddeutschland (außer Österreich) gehörten und die von Spanien unterstützt wurde. Ganz Europa war schließlich in zwei Lager gespalten, Hauptschauplatz der Auseinandersetzungen war aber Deutschland. Es waren letztlich mehrere Kriege (böhmisch-pfälzischer Krieg, dänisch-niedersächsischer Krieg, schwedischer Krieg, schwedisch-französischer Krieg), bei denen auch politische Machtinteressen eine bedeutende Rolle spielten.

Mit dem **Westfälischen Frieden** 1648 – in Münster mit Frankreich, in Osnabrück mit Schweden – war dann der lange Krieg beendet. Neben politischen und verfassungsrechtlichen Bestimmungen sah der Westfälische Frieden folgende religiöse Bestimmungen vor: Die beim Augsburger Religionsfrieden von 1555 festgelegte Gleichberechtigung der Konfessionen galt nun auch für die Calvinisten. Für den kirchlichen Konfessions- und Besitzstand wurde 1624 als das »Normaljahr« (in der Mitte zwischen Kriegsbeginn und Eingreifen Schwedens 1630) für den Status quo festgelegt. Danach blieb Norddeutschland protestantisch, Öster-

Der Friedensschwur von Münster, Gerard Ter Borch, 1648, Öl auf Kupfer, London, National Gallery

reich, Böhmen und Mähren wurden wieder katholisch. Für ein Territorium blieb nach wie vor die Konfession des Landesherrn ausschlaggebend (Reformationsrecht), aber die Bevölkerung musste bei einem Konfessionswechsel des Landsherrn nicht mehr folgen.

Der Pietismus, die neue evangelische Frömmigkeit
Als Reaktion und Antwort auf die politischen Veränderungen nach dem Dreißigjährigen Krieg und auf den Rationalismus der Zeit entstand innerhalb des deutschen Protestantismus die auf praktische Frömmigkeit ausgerichtete Bewegung des Pietismus (von lat. *pietas* = Frömmigkeit) im 17./18. Jh. Höhepunkt des Pietismus war die Zeit von 1690–1730. Der Pietismus ist gekennzeichnet durch die innere Glaubenserfahrung und die Forderung, den Glauben zu leben und zu praktizieren; er betont ferner die Offenbarung durch die Heilige Schrift sowie die Wiedergeburt durch den Glauben (Bekehrung) und war häufig durch die Naherwartung der Wiederkunft Christi geprägt. Die Bewegung verstand sich als Vollendung der Reformation und kritisierte die lutherische Orthodoxie. Sie verbreitete sich in Deutschland vor allem in Württemberg, aber auch über Deutschland hinaus: In England entwickelte sich nach pietistischem Vorbild der Puritanismus, in Nordamerika waren die Erweckungsbewegungen stark vom Pietismus beeinflusst. Hier entstand auch der Neupietismus. Durch drei Gestalten und Ausprägungen ist der Pietismus geprägt: Philipp Jakob Spener und den ursprünglichen Pietismus, August Hermann Francke und den halleschen Pietismus sowie Nikolaus Graf von Zinzendorf und die Herrnhuter Brüdergemeine.

Philipp Jakob Spener (1635–1705) gilt als Begründer des Pietismus. Er war Pfarrer in Frankfurt und strebte eine Erneuerung der lutherischen Orthodoxie an. Seine Schrift »*Pia desideria*, oder herzliches Verlangen nach gottgefälliger Besserung der wahren evangelischen Kirchen« von 1675 enthält seine Vorschläge zu einer Kirchenreform und gilt als Programmschrift des Pietismus. Darin fordert Spener u. a. intensive Bibellektüre und die *praxis pietatis*, d. h. den »gelebten« Glauben im Unterschied zum »studierten« Glauben« (auch beim Theologiestudium gilt für ihn Frömmigkeit statt Gelehrsamkeit). Spener wurde 1686 Oberhofprediger in Dresden und – nach Konflikten mit dem Kurfürsten – 1691 Probst in Berlin.

August Hermann Francke (1663–1727) erfuhr 1687 sein Bekehrungserlebnis. Er war Pfarrer und Professor in Halle und auch als Pädagoge tätig. So führte er die allgemeine Schulpflicht in Preußen ein. In Halle gründete er eine Armenschule und ein Waisenhaus, ebenso eine Bibelanstalt. Wie Spener kam es Francke auf die guten Werke durch einen lebendigen Glauben an. Erziehung war für ihn Gottesdienst in der Welt. Ziel der Erziehung war eine praktische Frömmigkeit und eine Verbesserung der Welt durch die erzieherische Veränderung der Menschen. Entsprechend unterschied er auch zwischen Kindern Gottes und Kindern der Welt, d. h. äußerlichen Christen.

Nikolaus Graf von Zinzendorf (1700–1760) war Schüler in dem von Francke gegründeten Waisenhaus in Halle und studierte später Jura. 1722 nahm Zinzendorf Glaubensflüchtlinge aus Mähren auf seinem Besitz in der Lausitz auf und gründete mit ihnen die überkonfessionelle Herrnhuter Brüdergemeine innerhalb der sächsischen Landeskirche. Zinzendorfs Predigten betonten Jesus Christus als die Mitte des gläubigen Lebens und die »innere Neugeburt« der Gemeinde. Die Herrnhuter Gemeine betrieb eine aktive und erfolgreiche Missionsarbeit, z. B. in Nordamerika.

Der Pietismus war der Wegbereiter für viele evangelische Freikirchen. Auf direkten pietistischen Einfluss gehen z. B. die Puritaner, die Quäker oder die Methodisten zurück.

Die **Puritaner** (von lat. *purus* = rein) entstanden nach dem Vorbild des Pietismus und des Calvinismus im späten 16. Jh. in England. Sie forderten eine sittlich-strenge, »reine« Frömmigkeit und Lebenspraxis und kritisierten die anglikanische Kirche wegen ihrer Laxheit. 1640 konnten die Puritaner im englischen Parlament die Mehrheit erlangen, wurden aber nach der Revolution dann immer mehr zurückgedrängt.

Die **Quäker** entwickelten sich als charismatisch-apokalyptische Erweckungsbewegung unter dem Einfluss der Puritaner in England. Quäker (von engl. *quake* = zittern) ist die abwertend-spöttische Bezeichnung, »Gesellschaft der Freunde« ist die Eigenbezeichnung. Gegründet wurde sie von dem Wanderprediger und ehemaligen Schuster George Fox (gest. 1691). Das ekstatische Element, das den Quäkern ihren Namen gab, trat im Laufe der Zeit zurück. William Penn (1644–1718) etablierte die Quäker in Amerika (Pennsylvanien).

Der **Methodismus** wurde von den Brüdern John (1703–1791) und Charles (1707–1788) Wesley sowie Georg Whitefield (1714–1770) begründet. Sie hatten bereits 1729 als Studenten in Oxford einen »heiligen Club« gegründet und wurden als »Methodisten« verspottet. Ausschlaggebend für die weitere Entwicklung waren das Bekehrungserlebnis der beiden Wesley-Brüder durch den Herrnhuter Peter Böhler und deren Missionsreisen und Predigttätigkeit seit 1738. Als Folge des Widerstandes der anglikanischen Kirche organisierten sich die Methodisten als eigene Kirche. In England sind die Methodisten heute in der *United Methodist Church*, in Deutschland in der *Evangelisch-methodistischen Kirche* und weltweit im *Methodistischen Weltbund* organisiert. Vorrangig ist für die Methodisten das praktisch-ethische Tun, nicht die Lehre oder das religiöse Erleben.

Predigt des Methodisten John Wesley in einem englischen Industrierevier

Die Auseinandersetzung der Kirche mit der Moderne: Aufklärung, Revolution und Säkularisation

Die **Aufklärung** legte die Grundlage für die Moderne. Es war eine neue, geistesgeschichtliche Bewegung, die sich im 18. Jh. von England über Frankreich nach Deutschland verbreitete. Ihr Ziel war eine auf Vernunft, Freiheit und Natürlichkeit basierende Gesellschaft. Die Aufklärung wollte den Menschen aus seiner »selbstverschuldeten Unmündigkeit« (so Immanuel Kant) dazu führen, »sich seines Verstandes ohne Leitung eines anderen zu bedienen«. Dabei wurde auch Religionskritik am Autoritäts- und Offenbarungsglauben vor allem der katholischen Kirche geübt. Stattdessen strebte man eine »natürliche Religion« (Jean Bodin, Edward Herbert of Cherbury), eine »Religion in den Grenzen der bloßen Vernunft« (Kant) an, war also nicht prinzipiell religionsfeindlich. Aber das Christentum wurde als Norm des gesellschaftlichen Lebens erstmals infrage gestellt.

Hauptvertreter der Aufklärung waren u. a. David Hume, John Locke, François Marie Arouet Voltaire, Gottfried Wilhelm Leibniz, Immanuel Kant und Gotthold Ephraim Lessing. Folgen der Aufklärung sind die Abschaffung der Hexen- und Ketzerprozesse, religiöse Toleranz, die Menschenrechte, die mit der Unabhängigkeitserklärung der USA 1776 und der Deklaration der französischen Nationalversammlung 1789 begründet wurden, und schließlich die freie Entwicklung der Wissenschaft.

Auch die **Französische Revolution** (1789–95) war von der Aufklärung beeinflusst. Während der Revolution setzten sich kirchenfeindliche Tendenzen durch. Es kam 1790 zunächst zur Aufhebung aller Orden und Klöster, die nicht karitativ tätig waren, dann zur Enteignung und Säkularisierung des Kirchenbesitzes und schließlich zu einer neuen Verfassung, die die Kirche in den französischen Staat eingliederte und so von Rom isolierte. Am 21.2.1795 wurde die Trennung von Staat

Immanuel Kant (1724–1804) war einer der führenden Vertreter der Aufklärung.

und Kirche zum Gesetz erhoben und damit war die jahrhundertelange Einheit von politischer Macht und Kirche beendet.

Die Ideen der Revolution und Säkularisation (von lat. *saeculum* = Zeitalter, irdische Welt; die Enteignung der Kirche und ihrer Einrichtungen) fanden durch die Eroberungen und Kriege von **Napoleon Bonaparte** in Europa weite Verbreitung. Napoleon selbst war religiös indifferent, für ihn war die Religion ein politischer Faktor. Mit Papst Pius VII. schloss er am 15.7.1801 ein Konkordat (= völkerrechtlich verbindlicher Vertrag zwischen dem Heiligen Stuhl und einem Staat zur Regelung kirchlich-staatlicher Belange) zur Wiederherstellung der Ordnung in Frankreich. Das Konkordat sah u. a. die Berücksichtigung der römisch-katholischen Kirche als größte Religionsgemeinschaft in Frankreich, die Besoldung der Pfarrer durch den Staat, aber auch den Verzicht der Kirche auf den eingezogenen Kirchenbesitz und die Neubesetzung der Bistümer vor. Napoleon ließ sich als Kaiser von Frankreich 1804 zwar vom Papst salben, die Krönung vollzog er aber selbst. 1808 besetzte Napoleon Rom und den Kirchenstaat und nahm den Papst gefangen, als dieser ihn bannte. Nach Napoleons Niederlage kam es auf dem Wiener Kongress 1814/15 zur Neuordnung Europas, wobei auch der Kirchenstaat wiederhergestellt wurde.

In Deutschland waren die linksrheinischen Gebiete von Napoleons Truppen besetzt worden. Deutsche Staaten wie Preußen, Bayern oder Württemberg erklärten sich zur Abtretung der linksrheinischen Gebiete an die Franzosen bereit und ließen sich mit Gebieten geistlicher Fürsten auf der rechtsrheinischen Seite entschädigen. In Deutschland wurde durch den Reichsdeputationshauptschluss 1803 die Entmachtung und Enteignung der Kirche verordnet. Kirchliches Vermögen wurde, mit Ausnahme des Vermögens der Ortskirchen, eingezogen. Klöster und Stifte standen den Landesherren zur Verfügung, was letztlich ihre Aufhebung

Katholikentag in Düsseldorf 1982

bedeutete. Die Folgen waren, dass die kirchliche Organisation verfiel und ein Staatskirchentum eingeführt wurde. So wurden z. B. die Pfarrer vom Staat eingesetzt, Klöster, Wallfahrten und Prozessionen mussten staatlich genehmigt werden etc.

Insgesamt war in Europa eine religiöse Bewegung mit einer neuen Zuwendung zur katholischen Kirche zu beobachten. In Deutschland war es die Romantik, die das Katholische wiederentdeckte. Zudem kam es zur Gründung einer Reihe von Organisationen mit religiös-kirchlichem Charakter, und die Orden erlebten neue Impulse. Im Zuge der Ereignisse der Märzrevolution von 1848 wurden der Katholikentag und der Kirchentag als Zusammentreffen und Veranstaltung der Laien gegründet – ein spezifisch deutsches Phänomen, das es so in anderen Ländern nicht gibt.

Die politischen Veränderungen im 19. Jh. hatten den Verlust der konfessionellen Einheit der protestantischen Länder zur Folge. Entsprechend gab es Bestrebungen mit dem Ziel der kirchlichen Einheit. Es bildeten sich Zusammenschlüsse, die entweder ein gemeinsames Bekenntnis (Konsensunionen, z. B. in der Pfalz und in Baden) oder eine gemeinsame Verwaltung der verschiedenen Bekenntnisse (Verwaltungsunionen, z. B. in Kurhessen und Preußen) besaßen. Seit dem 19. Jh. gab es neben den lutherischen und reformierten auch die unierte Kirche als dritten evangelischen Kirchentyp. Eine Vereinigung der gesamten deutschen **evangelischen Kirche** kam bei der dazu einberufenen Deutsch-Evangelischen Kirchen-Konferenz 1846 noch nicht zustande; erst 1922 schloss man sich zum Deutschen Evangelischen Kirchenbund zusammen. Die evangelische Kirche des 19. Jh.s war stark national ausgerichtet, wodurch sie nicht zuletzt, wie die katholische Kirche, die Arbeiterschaft verlor.

Antimodernismus der katholischen Kirche – Kulturkampf, Dogmen und das 1. Vatikanische Konzil

In Rom schien mit Pius IX. (1846–1878) ein liberaler Papst an die Macht zu kommen. Doch der machte eine Wende zum Gegner des Liberalismus und allen modernen Zeiterscheinungen, als er 1849 während der Revolution in Rom ins Exil fliehen musste. 1870 wurde der

Der Petersplatz in Rom ist das (touristische) Zentrum des Staates der Vatikanstadt.

Kirchenstaat von italienischen Truppen erobert und dem Papst blieb nur der Vatikan zum Rückzug. Erst 1929 entstand mit dem Lateransvertrag der *Staat der Vatikanstadt*.

Die **erste Modernismuskrise** nahm ihren Anfang, als Papst Pius IX. 1854 das Dogma von der unbefleckten Empfängnis Mariens erließ, das besagt, dass die Gottesmutter Maria bei ihrer Empfängnis ohne Erbsünde war (gemeint ist die Empfängnis Marias durch ihre Mutter, nicht die Empfängnis Jesu). Folge des Dogmas war eine stärkere Marienfrömmigkeit in den romanischen Ländern, vor allem auch nach der Marienerscheinung in Lourdes 1858. Die Verkündigung eines Dogmas war nicht neu, neu war eher die Art und Weise, wie es entschieden wurde, nämlich vom Papst allein. Die meisten Bischöfe hatten zwar zugestimmt, aber einige baten, ihre Zustimmung zu erwähnen, was der Papst ablehnte. Hier wurde zum ersten Mal die später ebenfalls zum Dogma erhobene Unfehlbarkeit des Papstes demonstriert. Zehn Jahre später, 1864, erließ der Papst den »Syllabus«, eine lange Liste mit 80 Irrtümern der modernen Zeit wie z. B. Rationalismus, Liberalismus oder Kommunismus. Man spricht daher von der Regierungszeit Papst Pius' IX. als Phase des Antimodernismus, des Ultramontanismus (Ausrichtung nach Rom, das für den Norden *ultra montes* = jenseits der Berge liegt) oder Integralismus – heute würde man eher von Fundamentalismus sprechen. Von fundamentalistischen Tendenzen in der katholischen Kirche kann man immer dann sprechen, wenn das Gleichgewicht zugunsten einer Ausrichtung auf Rom bzw. den Papst verschoben wird, die Kirche sozusagen zur »Papstkirche« wird, und dies war sicher in der Regierungszeit von Papst Pius IX. der Fall.

Das zeigt sich auch am Hauptthema des 1. Vatikanischen Konzils (1869/70). Schon im Vorfeld des Konzils wurde über die Frage der **Unfehlbarkeit des Papstes** diskutiert. Die Autorität des Papstes an sich wurde nicht infrage gestellt, sondern es ging darum, ob diese einzig und allein von ihm (unabhängig von Konzil und Bischofskollegium) ausgeübt werden könne. Es bildeten sich zwei Gruppen, die Befürworter der Unfehlbarkeit (Infallibilisten, von lat. *infallibilis* = unfehlbar) und die Gegner der Unfehlbarkeit (Anti-Infallibilisten). Auf dem 1. Vatikanischen Konzil wurde zunächst die Konstitution »Dei Filius« angenommen, die die Glaubenslehren der katholischen Kirche angesichts der geistesgeschichtlichen Zeitströmungen wie Rationalismus, Materialismus oder Pantheismus darlegte und sich von diesen abgrenzte. Die dogmatische Konstitution »Pastor aeternus« besagte, dass der Papst den Vorrang, »den Primat über den gesamten Erdkreis innehat …« (DH 3059). Damit wurde dem Papst die volle und unmittelbare »Jurisdiktionsgewalt« (Rechtsprechungsprimat) über die gesamte Kirche zugesprochen. Im vierten Kapitel derselben Konstitution wurde dem Papst Unfehlbarkeit zugesprochen, wenn er *ex cathedra* entscheidet, d. h. in Ausübung seines Amtes und in Sachen, die die Glaubens- oder Sittenlehre betreffen. Diese Entscheidungen sind dann »aus sich, nicht aber aufgrund der Zustimmung der Kirche unabänderlich« (DH 3074). Während die Ergebnisse des 1. Vatikani-

Unfehlbar und Unfällbar.

Protest gegen das Unfehlbarkeitsdogma: »Unfehlbar und unfällbar« – Karikatur, kolorierte Kreidelithografie

schen Konzils in England, Irland, Belgien und Frankreich positiv aufgenommen wurden, war die Resonanz in den deutschsprachigen Ländern kritisch. Aber auch hier schloss sich die Mehrheit den Entscheidungen an.

Trotzdem bildete sich unter Führung von Ignaz von Döllinger (1799–1890) eine Opposition. **Döllinger**, bedeutender Kirchenhistoriker in München, war schon gegen den »Syllabus« gewesen und hatte dann Artikel gegen das Konzil geschrieben, unter den Pseudonymen »Janus« und »Quirinus«. 1871 wurde Döllinger exkommuniziert, weil er bei der Ablehnung der Unfehlbarkeit blieb. Ebenso erging es vielen Theologieprofessoren in München, Bonn, Breslau und Braunsberg, die sich als Anhänger Döllingers zur **»Altkatholischen Kirche«** zusammenschlossen, der Döllinger selbst nie beitrat. 1873 wurde der Breslauer Theologieprofessor Joseph Hubert Reinkens zum ersten Bischof der Altkatholiken geweiht, und damit war die Trennung von der römisch-katholischen Kirche vollzogen.

Der **Kulturkampf** (1871–1887) zwischen Deutschland und der römisch-katholischen Kirche wurde ausgelöst zum einen durch das Problem des Status der Altkatholiken als Geistliche und Staatsbeamte (Professoren, Lehrer), denen die katholische Kirche die Amtsausübung verbot, und zum anderen durch die Gründung der Zentrumspartei 1870, in der Bismarck eine deutschfeindliche Partei sah. Der eigentliche Hintergrund aber war der ideologische Konflikt zwischen der Politik des Liberalismus des preußischen Staates auf der einen und dem Ultramontanismus der katholischen Kirche, der das Primat des Papstes betonte, auf der anderen Seite. Bismarck brach die diplomatischen Beziehungen zum Vatikan ab und erließ eine Reihe von Gesetzen, die sich gegen die katholische Kirche richteten und einen massiven Eingriff in die Selbstständigkeit der Kirche vorsahen: Der sog. Kanzelparagraph (1871) verbot die Predigten, die den öffentlichen Frieden gefährdeten. Das Reichs-Jesuiten-Gesetz (1872)

Kölner Dom, dessen Bau 1248 begonnen, aber erst 1842 im Zuge der Romantik, die den Katholizismus neu entdeckte, wiederaufgenommen und 1880 beendet wurde

wies die Jesuiten und Redemptoristen aus Deutschland aus. Die Maigesetze (1873) enthielten kontrollierende Bestimmungen über die Ausbildung und Anstellung von Geistlichen, die Anwendung kirchlicher Disziplinargewalt und den Kirchenaustritt. 1875 wurden alle Orden in Preußen aufgehoben und ausgewiesen, mit Ausnahme der in der Krankenpflege tätigen Orden. Im selben Jahr wurde die Zivilehe und die staatliche Schulaufsichtspflicht eingeführt. Das Brotkorbgesetz (1875) beendete in Preußen alle finanziellen staatlichen Leistungen an die Kirche. Gegen die Gesetze Bismarcks entstand ein starker Widerstand der katholischen Bevölkerung; Bismarck lenkte schließlich ein und 1887 war der Kulturkampf beendet, ohne dass Bismarck seine beiden Ziele, eine romfreie Nationalkirche und die Abschaffung der Zentrumspartei, erreicht hatte. In vielen europäischen Ländern kam es zu dieser Zeit zum Kampf zwischen Staat und Kirche, aber nirgends wurde er so hart geführt wie in Deutschland.

Eine **zweite Modernismuskrise** entstand durch das Dekret »Lamentabili« und die Enzyklika »Pascendi« von Papst Pius X. (1907). Zu der Liste der Irrtümer des »Syllabus« kam eine Liste von 65 neuen Irrtümern hinzu, in der der Modernismus als »Sammelbecken aller Häresien« bezeichnet wurde. In Rom wurde ein Bibelinstitut zur Kontrolle der biblischen Wissenschaften und Exegese gegründet, zur Überwachung der Theologieprofessoren und der Lehrer wurde der Antimodernisteneid 1910 eingeführt.

Verhängnisvoll wirkte sich aus, dass Papst Pius X. (wie auch seine Vorgänger) die Monarchien befürwortete und die demokratischen Ideen ablehnte. Dadurch gab es Konflikte namentlich mit Deutschland, Portugal, Spanien, Russland und den USA. Die Katholiken verpassten so den Anschluss an die moderne Zeit und die Mitgestaltung des gesellschaftlichen Lebens, vor allem in Kultur und Politik. Schon damals wurde auf die Rückständigkeit und »Inferiorität« der Katholiken im gesellschaftlichen Leben hingewiesen. Eine effektive Mitwirkung an der Lösung der »sozialen Frage«, die seit dem 19. Jh. immer dringlicher geworden war, verpasste sowohl die katholische als auch die protestantische Kirche, auch wenn ihre karitativen Tätigkeiten und Vereine nicht zu unterschätzen sind. Durch Marx und Engels gingen die Arbeitermassen den Kirchen verloren. Beide Kirchen reagierten zu spät auf die »soziale Frage« und nahmen zu lange eine abwehrende Haltung gegenüber Sozialismus und Demokratie ein.

Zwischen Anpassung und Widerstand: die Kirchen im Dritten Reich

Unter Papst Pius XI. (1922–1939), in der Zeit zwischen den beiden Weltkriegen, gelang es, die sog. Römische Frage, den Konflikt zwischen dem italienischen Staat und dem Papst um die Wiederherstellung des Kirchenstaates zu lösen: 1929 wurden die Lateranverträge zwischen Papst Pius XI. und dem Diktator Benito Mussolini geschlossen und der **Staat der Vatikanstadt** entstand. Der Papst erhielt die volle Souveränität über diesen Staat und die außerhalb davon liegenden Kirchen des Lateran, S. Maria Maggiore und S. Paul sowie die Residenz Castel Gandolfo. Der Papst erkannte im Gegenzug Rom als italienische Hauptstadt an.

Mit Deutschland schloss Pius XI. mehrere Konkordate ab: 1924 mit Bayern, 1929 mit Preußen, 1932 mit Baden und 1933 schließlich mit dem Deutschen Reich unter Adolf Hitler.

Die Mehrheit der Katholiken stand der Weimarer Republik distanziert gegenüber, entsprechend der antidemokratischen Einstellung des Vatikans. Hitler war von Anfang an nicht nur antisemitisch, sondern auch antichristlich eingestellt, denn für ihn war das Christentum eine Fortsetzung des Judentums. Aus taktischen Gründen aber, denn er brauchte die Christen als Wähler, verkündete er in seiner Regierungserklärung am 1.2.1933 nach der Machtergreifung: »Die nationale Regierung sieht in den beiden christlichen Konfessionen die wichtigsten Faktoren der Erhaltung unseres Volkstums. Sie wird die zwischen ihnen und den Ländern abgeschlossenen Verträge respektieren. Ihre Rechte sollen nicht angetastet werden.« Derselben Linie entsprach auch das am 20.7.1933 abgeschlossene Reichskonkordat zwischen dem Vatikan und Hitler, der erste gültige Vertrag der nationalsozialistischen Regierung mit einer ausländischen Macht. Hitler garantierte darin u. a. das Bestehen der katholischen Schulen und religiös-karitativ tätiger Vereine, verbot aber die politische Tätigkeit von Geistlichen in Parteien.

Im engeren Kreis der Mitarbeiter in der Reichskanzlei hatte Hitler bereits am 23.3.1933 erklärt: »Das wird mich nicht abhalten, mit Stumpf und Stiel, mit allen seinen Wurzeln das Christentum aus Deutschland aus-

Adolf Hitler mit Reichsbischof Ludwig Müller und Abt Albanus Schachtleitner

zurotten. Man ist entweder Christ oder Deutscher. Beides kann man nicht sein.« (F. Zipf, Kirchenkampf in Deutschland 1933–1945, 1965,9). Selbst die völkisch-religiösen Ideen mit dem Ziel der Wiederbelebung germanischer Religion, die die Ideologie der Nationalsozialisten prägten und von denen einige Prominente wie Alfred Rosenberg (»Mythus des 20. Jh.«, 1930), Rudolf Heß oder Heinrich Himmler (der die Wewelsburg bei Paderborn und die Externsteine zu Kultzentren machen wollte) Anhänger waren, lehnte Hitler ab. Für ihn stand die politische Macht an erster Stelle. Ab 1934 kam es unter dem Schlagwort »Entkonfessionalisierung des öffentlichen Lebens« zu immer mehr Einschränkungen der kirchlichen Tätigkeit wie z. B. zum Verbot kirchlicher Verbände, zur Einschränkung oder zum Verbot des Religionsunterrichtes bis hin zur Aufhebung von Klöstern, Katholischen Hochschulen und Theologischen Fakultäten (z. B. in München). Ferner versuchten die Nationalsozialisten mit Sittlichkeitsprozessen gegen Mönche und Nonnen das Ansehen katholischer Orden in Frage zu stellen. Die katholische Bischofskonferenz, die Papst Pius XI. zur Enzyklika »Mit brennender Sorge« veranlasste, wie auch die »bekennende Kirche« evangelischerseits protestierten dagegen.

Die evangelische Kirche spaltete sich hinsichtlich ihrer Einstellung zum Nationalsozialismus. Es gab einerseits die *Vereinigung der Deutschen Christen*, die den Nationalsozialismus befürwortete und von Hitler protegiert wurde, und andererseits die *Bekennende Kirche*, die sich vom Nationalsozialismus deutlich distanzierte. Beide Organisationen kämpften um die Kirchenleitung. 1934 wurde von der Bekennenden Kirche in Barmen die sog. »Barmer theologische Erklärung« veröffentlicht, die erste gemeinsame Erklärung der Protestanten nach der Reformation, die von lutherischen, reformerischen und unierten Synodalen unterschrieben wurde. Es wendet sich als Dokument des Kirchenkampfes gegen den Nationalsozialismus, gegen die nationalsozialistische Gleichschaltung der Landeskirchen und gegen die Deutschen Christen. Allerdings geht es nicht um eine Gesamtauseinandersetzung mit dem Nationalsozialismus. Inhaltlich wird u. a. betont, dass Jesus Christus das Wort Gottes ist, dass der Auftrag der Kirche allein die Verkündigung der Botschaft Jesu sei und dass Staat und Kirche jeweils getrennte Aufgabenbereiche haben. Anlass der »Barmer theologischen Erklärung« war zwar der nationalsozialistische Arierparagraph, aber eine Stellungnahme zu Hitlers Judenpolitik fehlt.

Papst Pius XI. verurteilte 1937 in seiner Enzyklika »Mit brennender Sorge« die nationalsozialistische Weltanschauung und Kirchenpolitik sowie die Verletzung des Konkordats. Die Enzyklika ließ den Terror der Nationalsozialisten, vor allem auch die Verfolgung und den Massenmord an den Juden und den Regimegegnern unerwähnt.

Viele katholische und evangelische Geistliche kamen für ihre Opposition ins KZ. Der Berliner Dompropst Bernhard Lichtenberg betete nach dem Pogrom an den Juden am 9.11.1938 in seinem bekannten »Nachtgebet« für die Juden. Der Bischof von Münster, Clemens August Graf von Galen (1878–1946), wandte sich ebenfalls in seinen Predigten mutig gegen den Nationalsozialismus, vor allem gegen die Euthanasieaktion, die Ermordung von Behinderten, weniger aber gegen den Judenmord. Von beiden Kirchen wurden Hilfsstellen für die Juden gegründet, die ihnen die Ausreise erleichterten. Auch der Vatikan half Juden, das Land zu verlassen, besorgte ihnen Papiere und bezahlte die Reise. Aber weder die katholische noch die evangelische Kirche protestierte offiziell gegen den Massenmord an den Juden. Erschwerend kommt hinzu, dass der moderne Antisemitismus auf die jahrhundertelange Feindschaft der Kirche gegen die Juden (den Antijudaismus) aufbauen konnte. Selbst für die zum Christentum übergetretenen Juden gab es keine offizielle Unterstützung durch die Kirche. Nicht der Sturz der Nationalsozialisten, aber eine öffentliche, offizielle Anklage der Verletzung der Menschenrechte und des Terrors wäre die Pflicht der Kirchen gewesen. Dies geschah nicht – bis auf die Taten Einzelner. Konrad Adenauer bemerkte später: »Ich glaube, dass, wenn die Bischöfe alle miteinander an einem bestimmten Tage öffentlich von den Kanzeln dagegen Stellung genommen hätten, sie vieles hätten verhüten können.«

Direkt nach dem Zweiten Weltkrieg bekannte sich die evangelische Kirche offen zu ihrer Schuld in der »Stuttgarter Schulderklärung« vom 18./19.10.1945, etwa mit dem Satz: »Durch uns ist unendliches Leid über viele Völker und Länder gebracht worden.« Die Schulderklärung wurde z. B. in der Weise sehr kritisiert, dass sich die evangelische Kirche damit zur Kollektivschuld des ganzen deutschen Volkes bekenne. Es folgten die Schuldbekenntnisse von Bethel und Darmstadt. Die Schuldbekenntnisse der katholischen Kirche (das erste durch eine bischöfliche Erklärung vom 23.8.1945) gingen nicht so weit wie das evangelische Bekenntnis, aber räumten die Gleichgültigkeit der katholischen Kirche bezüglich der nationalsozialistischen Menschenrechtsverletzungen ein.

Aufbruch in der katholischen Kirche – das 2. Vatikanische Konzil

Das 2. Vatikanische Konzil wurde von 1962–65 in vier Sitzungsperioden (jeweils im Herbst eines jeden Jahres) unter den Päpsten Johannes XXIII. (1958–1963) und Paul VI. (1963–1978) durchgeführt. Es ging um die Erneuerung der Kirche und deren Öffnung für die Aufgaben der modernen Zeit, was Johannes XXIII. mit dem Schlagwort *Aggiornamento* (von ital. *aggiornare* = auf den heutigen Stand bringen) kennzeichnete. Die Teilnehmer des 2. Vatikanischen Konzils waren Konzilsväter, Sachverständige, Beobachter und – das war neu – Laien als Hörer.

Die Neuzeit: Reformation und der Weg in die Moderne (1500 bis zur Gegenwart)

In der ersten Sitzungsperiode (1962) entstanden Entwürfe (Schemata), es kam aber zu keinen Entscheidungen. In der zweiten Sitzungsperiode (1963) wurde die Kirche als Volk Gottes sowie das »allgemeine Priestertum« aller Gläubigen betont. Man verabschiedete die Liturgiekonstitution, die u. a. den Gemeinschaftscharakter der Liturgie betonte, es ermöglichte, die Liturgie in der jeweiligen Landessprache (und nicht mehr ausschließlich in Latein) zu feiern und die auch die Kelchkommunion erlaubte. Die Beteiligung der Laien wurde betont. In der dritten Sitzungsperiode (1964) wurde das Dekret über den Ökumenismus erlassen, in dem es u. a. heißt, dass man auch die nichtkatholischen christlichen Gemeinschaften als »Kirchen und kirchliche Gemeinschaften« ansprechen könne. In der vierten Sitzungsperiode (1965) erließ man eine Reihe wichtiger Erklärungen. So zunächst die Erklärung »Dignitatis humanae« über die Religionsfreiheit, dann die Erklärung »Nostra Aetate« über die nichtchristlichen Religionen, in der vor allem die Kollektivschuld der Juden am Tode Jesu zurückgewiesen wird. In der Konstitution »Dei Verbum« schließlich geht es um die Offenbarungsinstanzen Schrift, Tradition und Lehramt, die alle als gleichwertig und nicht hierarchisch gekennzeichnet werden. Allerdings wurden bestimmte, gerade heute besonders viel diskutierte Themen, wie z. B. die Frage des Zölibates und der Geburtenregelung, vom Papst dem Konzil entzogen und kamen daher nicht zur Sprache.

Papst Johannes XXIII. (1958–1963), der das 2. Vatikanische Konzil einberief und die Katholische Kirche erneuerte.

Konzilien der Neuzeit				
Konzil	**Konzil von Konstanz**	**Konzil von Trient (kath.)**	**1. Vatikanisches Konzil (kath.)**	**2. Vatikanisches Konzil (kath.)**
Datum	**1414–1418**	**1545–1563** (3 Sitzungen)	**1869** (1 Sitzung)	**1962–1965** (4 Sitzungen)
Themen	- Einheit der Kirche - Irrlehren - Erneuerung der Kirche	- Reform der kath. Kirche - Luthers Lehre	- Unfehlbarkeit des Papstes - Modernismus	- Erneuerung der Kirche *(Aggiornamento)*
Beschlüsse	- Beendigung des abendländischen Schismas - Verurteilung von Jan Hus - aber: keine Erneuerung -> Folge: Reformation	- Hl. Schrift und Tradition als Basis, gegen Luthers *sola scriptura* - Werke und Verdienste für Heilserlangung wichtig, gegen Luthers *sola fide* - Aufnahme der bisherigen Apokryphen in den Kanon der Bibel	- Dogma der Unfehlbarkeit des Papstes in Fragen des Glaubens und der Moral - Abgrenzung vom Modernismus	- Religionsfreiheit - Ökumene - Dialog der Religionen - Beteiligung der Laien - Messe in der Landessprache
Päpste	Martin V.	Paul III., Julius III.	Pius IX.	Johannes XXIII.

Insgesamt ist das 2. Vatikanische Konzil aber ein Meilenstein der katholischen Kirche auf dem Weg in die Moderne. Das Konzil ist einerseits als innere Reform der Kirche und andererseits als »Öffnung der Kirche für die wichtigen Fragen des modernen Lebens« nach außen zu sehen. Nach wie vor wird diskutiert, inwiefern besonders das Pontifikat des medienwirksamen Papstes Johannes Paul II. (1978–2005) und von Papst Benedikt XVI. (seit 2005) einen Rückschritt oder eine Fortführung der Linie des 2. Vatikanischen Konzils bedeutet.

Papst Benedikt XVI. (seit 2005) – Fortführung des Pontifikats seines Vorgängers?

Abschließend ist nach der Präsenz und der Bedeutung der Kirchen in der heutigen Gesellschaft zu fragen. Das Bild der Kirchen wird heute durch die Globalisierung der Welt, den Pluralismus der Religionen und Weltanschauungen geprägt. Reaktionen darauf sind Ökumene, Dialog der Religionen und Fundamentalismus. Man spricht auch von einem Rückzug der offiziellen Religion und einem Vormarsch der neuen Religiosität, insbesondere der Esoterik. Gefragt sind heute die Kirchen immer noch in Sachen der Ethik, vor allem der Bioethik.

Kirchengemeinde heute

Das Bedürfnis nach Gemeinschaft, wie sie die Kirchen bietet, ist heute nach wie vor vorhanden – trotz Tendenzen zur individuellen Patchwork-Religion. Die Kirchen sind aber heute nicht nur von Kirchenaustritten, sondern aufgrund der allgemeinen Sparmaßnahmen und eines Mangels an Pfarrern auch von einer Umstrukturierung, von Gemeindeauflösung und -fusionierung sowie vom Verkauf von Kirchengebäuden betroffen. Nicht zuletzt der Zölibat ist dafür verantwortlich, dass besonders die katholische Kirche von Nachfolgeproblemen unter ihren Geistlichen betroffen ist.

Der **Zölibat** ist die Verpflichtung der weltlichen Kleriker (Priester, Bischof) in der katholischen Kirche, in Ehelosigkeit und Keuschheit zu leben. Seit 1967 gibt es für Diakone die Möglichkeit, ohne Zölibatsverpflichtung zu leben. Erst im 4./5. Jh. gab es Bestrebungen, den höheren Klerus auf den Zölibat zu verpflichten. Bei Priestern auf dem Lande hatte sich aber damals in der Praxis, nicht zuletzt aus wirtschaftlichen Gründen, die Ehe oder das Konkubinat durchgesetzt. Ein Zustand, der weithin im mittelalterlichen Europa üblich war. Die Kirche versuchte seit dem 11. Jh. nun den Zölibat zu verschärfen, nicht nur aus Gründen der kultischen Reinheit der Geistlichen, sondern auch um den Kirchenbesitz zu erhalten, denn man befürchtete entsprechende Verluste des kirchlichen Vermögens durch die Frauen und Kinder von Priestern. Priesterehen wurden nun negativ als Nikolaitismus bezeichnet, nach der frühchristlichen Sekte der Nikolaiten, denen man sexuelle Ausschweifung nachsagte.

Für die römisch-katholische Kirche ist die Priesterweihe ein Sakrament, im Unterschied zur evangelischen Kirche. Der von der katholischen Kirche postulierte und betonte wesenhafte Unterschied zwischen **Klerus und Laien** ist immer wieder Anlass für Konflikte. Hinzukommt, dass letztlich in der katholischen Kirche die Geistlichen die Entscheidungsträger sind. Die Laien fühlen sich dabei oft übergangen und nicht verstanden. Ausdruck dafür sind Gruppierungen der Basis, die sich außerhalb der offiziellen Kirche formieren, aber nach wie vor den Kontakt zur Kirche suchen (z. B. »Kirche von unten«). Aber selbst die Beziehung zwischen der offiziellen Vertretung der Laien (in Deutschland das *Zentralkomitee der Deutschen Katholiken*) und der geistlichen Führung der Kirche ist nicht immer ganz frei von Konflikten. Autoritäre Ämterhierarchie wird der katholischen Kirche von ihren Kritikern vorgeworfen, zu deren prominentesten Vertretern Hans Küng und Eugen Drewermann zählen. In der evangelischen Kirche sind die Laien mehr an den Entscheidungen der Kirche beteiligt, was schon ein Blick auf die doch z. T. demokratischere Struktur ihres Aufbaus zeigt.

Struktur und Aufbau der evangelischen Kirchen unterscheiden sich im Einzelnen sehr. Die *Evangelische Kirche Deutschlands (EKD)* ist ein Zusammenschluss von 23 selbstständigen Landeskirchen mit sehr unterschiedlicher, teils mehr liberaler, teils mehr hierarchischer Verfassung und Struktur.

Während in den Kirchen in Europa und Nordamerika die Mitgliederzahlen rückläufig sind und dies mit Stagnation bzw. sogar Verlust der Präsenz in der Gesellschaft verbunden ist, sind die Kirchen in Lateinamerika, Afrika und Asien durch Wachstum gekennzeich-

Hans Küng (geb. 1928) ist einer der prominentesten Kritiker der katholischen Kirche.

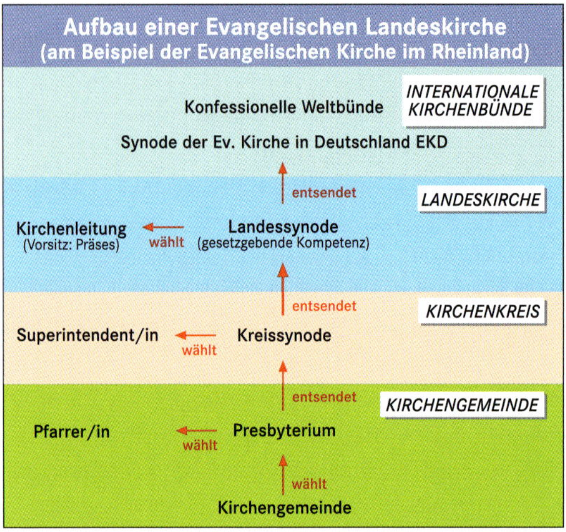

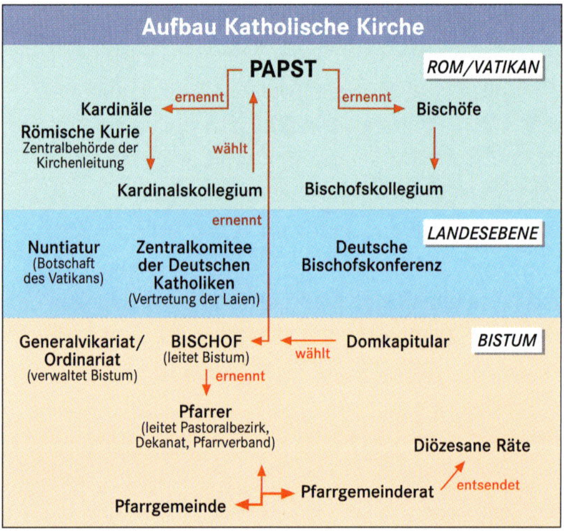

net. Diese Kirchen waren bis in die 1990er Jahre durch Politisierung geprägt, so vor allem durch die **Befreiungstheologie**, eine Richtung und Bewegung in der katholischen Kirche der Dritten bzw. Vierten Welt, vor allem Lateinamerikas, die von dem Peruaner Gustavo Guitiérrez begründet wurde. Sie entstand in den

1960er Jahren und hat die »Befreiung« von Armut und Unterdrückung zum Ziel. Die Solidarität mit den Leidtragenden gesellschaftlicher Ungerechtigkeit kann bis zu Selbstaufgabe und Martyrium gehen. Die Akzente und Tendenzen der Befreiungstheologie sind vielfältig: Sie reichen von sakramentaler über kulturell-politische bis hin zu marxistisch-revolutionären Einstellungen. Einer der bekanntesten Vertreter ist der Brasilianer Leonardo Boff. Die Befreiungstheologie befindet sich nicht nur im Konflikt mit den Regierenden der betreffenden Länder, sondern auch mit Rom. Heute wird das Bild der sog. **Jungen Kirchen** Lateinamerikas, Afrikas und Asiens weniger durch Politisierung als vielmehr durch Spiritualität bestimmt. Neben den offiziellen großen Kirchen existieren dabei auch eine Vielzahl von kleineren Gemeinschaften (»Freikirchen«), die sich durch starken Synkretismus auszeichnen, die Vermischung christlicher Vorstellungen und Kulte mit denen der traditionellen Stammesreligionen. Beispiele dafür sind die »afrikanischen unabhängigen Kirchen«, meist von einem charismatischen Propheten begründet wie z. B. die seit 1862 bestehende *Methodist Society* in Ghana. In den USA sind es die zwei großen Kirchengemeinschaften der Indianer, die *Shaker*-Kirche und die *Native American Church of North America* (die größte panindianische Glaubensgemeinschaft). Diese wurden gegründet, um Verfolgungen zu entgehen und eine den christlichen Kirchen vergleichbare Organisation entgegenzusetzen. Beide indianischen Glaubensgemeinschaften sind in Kult, Ethik und Lehre sehr stark vom Christentum beeinflusst. Aber auch das Christentum der offiziellen Kirche wie z. B. der katholischen Kirche in Mexiko ist durch den Synkretismus mit der indianischen Religion geprägt, die vor allem im privaten Bereich sichtbar wird. Die Bandbreite reicht vom starken Überwiegen der christlichen Elemente über die Vermischung zu gleichen Teilen bis zum Überwiegen der indianischen Tradition. So verehren die Maya-Indianer

Freikirchen sind kleinere kirchliche Gemeinschaften, die aus protestantischen Erweckungsbewegungen hervorgegangen sind. Von den Großkirchen unterscheiden sich die Freikirchen in ihrer Unabhängigkeit bzw. »Freiheit« vom Staat, weniger in Organisation und Dogma. Vor allem in der Neuzeit entstand eine Vielzahl von christlichen Kirchen neben den Großkirchen. Sie zeichnen sich generell durch den Wunsch nach Intensivierung und Erneuerung des religiösen Lebens aus (daher werden viele der Freikirchen auch als Erweckungsbewegungen bezeichnet) und durch die Betonung der inneren Glaubenserfahrung, häufig verbunden mit der Erwartung eines nahen Weltendes. Ferner wird, je nach Ausrichtung, das Gemeindeleben, das rechte Tun oder die rechte Lehre betont. Als Freikirchen sind vor allem zu nennen – in der Reihenfolge ihrer weltweiten Mitgliedsstärke: Pfingstbewegung, Methodisten, Baptisten, Mormonen, Neuapostolische Kirche, Siebten-Tags-Adventisten, Zeugen Jehovas, Heilsarmee, Mennoniten, Herrnhuter Brüdergemeine (Evangelische Brüder-Unität) und Quäker (s. S. 112).

Besonders zu erwähnen sind die Pfingstbewegung und die Baptisten, da aus ihnen die Bewegung der Evan-

Junge Mitglieder der Heilsarmee, die Gruppe »Joystrings«, im Mai 1964 bei einem Straßenkonzert vor der Londoner St. Pauls Kathedrale. Den Joystrings gelang mit ihrem Song »It's An Open Secret« der Sprung in die britischen Charts.

Eine Baptisten-Taufe im Freien in York, England, unter Leitung des Erzbischofs von York, Dr. John Sentamu

gelikalen entstand, aus der sich der protestantische Fundamentalismus in den USA entwickelte. Die Pfingstbewegung erwartet die erneute, endzeitliche Ausgießung des Heiligen Geistes nach dem Vorbild des im Neuen Testamentes erwähnten Pfingstereignisses und die dabei von den Aposteln erlebten Gaben (Prophetie, Zungenreden, Wunderheilungen). Die Baptisten (griech. = Täufer) sind benannt nach der von ihnen praktizierten Taufe von Erwachsenen durch vollständiges Untertauchen; sie lehnen die Kindertaufe ab. In Deutschland heißen sie seit 1941 *Bund Evangelisch-Freikirchlicher Gemeinden*.

Die größte Verbreitung haben die meisten Freikirchen heute in den USA. Die USA sind seit jeher das Land der Freikirchen schlechthin. Dort sind aufgrund der Trennung von Staat und Kirche laut der Verfassung per se alle Kirchen »Freikirchen«, auch die großen. Im 17. Jh. waren die damaligen englischen Kolonien in Nordamerika auch ein Auswanderungsland für Flüchtlinge, die in Europa aufgrund ihrer Religion verfolgt wurden. In Nordamerika konnten sie frei und unabhängig leben. Bekanntestes Beispiel dafür sind die ersten Siedler in Nordamerika, die puritanischen »Pilgerväter«. Diese Unabhängigkeit wurde von der amerikanischen Verfassung 1776, die die Trennung von Staat und Kirche betonte, garantiert. Trotzdem bildete die christlich-protestantische Ethik die Grundlage der amerikanischen Gesellschaft. Im 18. Jh. entstanden viele Erweckungsbewegungen, daher sind die USA bis heute durch einen religiösen Pluralismus gekennzeichnet. Dabei bilden die Katholiken zahlenmäßig die größte Kirchengemeinschaft, die überwiegende Mehrheit der Bevölkerung ist aber protestantisch. Die Protestanten sind in dem *National Council of Churches of Christ in the USA* zusammengefasst.

Der südafrikanische Erzbischof und Friedensnobelpreisträger Desmond Tutu (geb. 1931) am 10.6.2000 vor der Kirche im hannoverschen Stadtteil Herrenhausen mit EKD-Bischof Rolf Koppe.

mit bestimmten christlichen Heiligen gleichzeitig indianische Gottheiten. Diese Heiligenverehrung, die durch *Cofradias* (Bruderschaften) organisiert wird, ist dabei der Mittelpunkt des religiösen Lebens. Alles deutet darauf hin, dass sich das Zentrum des Christentums von Europa und Nordamerika nach Lateinamerika, Afrika und Asien verlagert. Schon heute kommen nicht wenige Missionare und Priester aus diesen Ländern nach Europa, nicht zuletzt um das Christentum in der Alten Welt wieder neu zu beleben und den Priestermangel auszugleichen.

Ökumene und Dialog der Religionen

Ökumene (griech. = die ganze bewohnte Erde) meint das gemeinsame, weltweite Zusammenwirken aller christlichen Kirchen. Ziel der Ökumene ist primär die Gemeinschaft von Kirchen, die Einheit in der Vielfalt – nicht eine einheitliche Kirche. Es geht vor allem auch um ein gemeinsames Handeln gegenüber den Weltproblemen (Globalisierung, Friede, Bioethik etc.).

Die Anfänge der Ökumenischen Bewegung sind im 19. Jh. im Protestantismus anzusetzen, die katholische

Roger Schütz (1915–2005) ist für viele heute ein Symbol der Einheit der Kirche.

Kirche war anfangs gegenüber der Ökumene zurückhaltend bis ablehnend eingestellt. Zunächst entstanden weltweite kirchliche Vereinigungen wie die der Reformierten im *Reformierten Weltbund* 1877 oder überkonfessionelle Zusammenschlüsse wie der *Christliche Verein Junger Männer (CVJM)* 1855 in Paris oder der *Christliche Studentenweltbund* 1895 in Schweden, der ein wichtiger Motor der ökumenischen Bewegung werden sollte.

Vorläufer der Ökumene von heute sind drei Bewegungen im evangelischen Bereich, die dann zur Gründung des *Ökumenischen Rates der Kirchen* in Amsterdam 1948 führten:

- Der *Internationale Missionsrat*, der nach der Weltmissionskonferenz in Edinburgh 1910 gegründet wurde. Allerdings bestand er nur aus Mitgliedern verschiedener Missionsgesellschaften des evangelischen Spektrums – katholische und orthodoxe Kirche waren nicht beteiligt.
- Die *Bewegung für Glaube und Kirchenverfassung*, die von Charles Henry Brent, Bischof der anglikanischen *Protestant Episcopal Church* in den USA, begründet wurde, der an der Weltmissionskonferenz in Edinburgh teilgenommen hatte.
- Die *Bewegung für Praktisches Christentum*, entstand unter Nathan Söderblom, Erzbischof in Schweden. Von dieser Bewegung wurde die Weltkirchenkonferenz von Stockholm 1925 vorbereitet. Es war eine Konferenz, an der – mit Ausnahme der römisch-katholischen Kirche –, alle großen Kirchen vertreten waren und in deren Folge der *Ökumenische Rat für Praktisches Christentum* 1930 gegründet wurde.

An allen drei Bewegungen beteiligte sich die katholische Kirche nicht, obwohl sie eingeladen war. Die Teilnahme an der ökumenischen Bewegung verbot Papst Pius XI. mit der Enzyklika »Mortalium animos« von 1928. Für ihn kam als Ökumene nur »die Rückkehr aller getrennten Brüder zur einen wahren Kirche Chris-

Der Altenberger Dom ist die ehemalige Kirche eines Zisterzienserklosters im Bergischen Land. Heute ist es eine der wenigen Simultankirchen, die sowohl einer katholischen wie auch einer evangelischen Gemeinde zur Abhaltung des Gottesdienstes zur Verfügung steht.

ti«, nämlich der katholischen Kirche infrage. Erst unter Papst Johannes XXIII. und mit dem 2. Vatikanischen Konzil öffnete sich die katholische Kirche für die Ökumene. Allerdings ist die katholische Kirche bis heute nicht Mitglied im *Ökumenischen Rat der Kirchen*, sondern entsendet nur Beobachter. Der Anspruch der katholischen Kirche, die einzig wahre Kirche zu sein sowie das Petrusamt und die Eucharistiefeier sind bis heute Konfliktpunkte im ökumenischen Dialog.

Der *Ökumenische Rat der Kirchen (ÖRK)* wurde 1948 in Amsterdam gegründet, wo die erste Vollversammlung stattfand, deren zentrales Thema die Verantwortung der Christen für die Welt war. Neben dem *Internationalen Missionsrat* und der *Bewegung für Glaube und Kirchenverfassung* schloss sich auf der 3. Weltkonferenz 1961 in Neu Delhi zuletzt auch die *Bewegung für Praktisches Christentum* an. Sitz des ÖRK wurde Genf, Mitglieder sind nur Kirchen, keine Einzelpersonen. Die Vollversammlung findet alle sieben Jahre statt. Das Anliegen des ÖKR wurde 1961 in Neu-Delhi wie folgt formuliert: »Der Ökumenische Rat der Kirchen ist eine Gemeinschaft von Kirchen, die den Herrn Jesus Christus gemäß der Heiligen Schrift als Gott und Heiland bekennen und darum gemeinsam zu erfüllen trachten, wozu sie berufen sind, zur Ehre Gottes, des Vaters und des Sohnes und des Heiligen Geistes.« Die folgenden Vollversammlungen fanden in Neu-Delhi (1961), Uppsala (1968), Nairobi (1975), Vancouver (1983), Canberra (1991), Harare (1998) und Porto Alegre (2006) statt. Das besondere Interesse des ÖKR gilt der sozialen Gerechtigkeit und dem Dialog, auch dem Dialog der Religionen.

Als weitere Fortschritte in der Ökumene sind z. B. zu nennen:

Papst Johannes Paul II. (1978–2005), konservativ in innerkirchlichen Fragen, aber innovativ in Fragen der Weltpolitik und im interreligiösen Dialog

• Die *Leuenberger Konkordie* 1973, bei der Lutheraner und Reformierte übereinkamen, dass Lehrunterschiede nicht mehr kirchentrennend seien. Ferner wurde die gemeinsame Kanzel- und Abendmahlsgemeinschaft, die Ordination und Interzelebration ermöglicht.

• Die »Gemeinsame Erklärung zur Rechtfertigungslehre« zwischen Vatikan und Lutherischem Weltbund 1999, in der es zu einer Einigung über Grundwahrheiten der Rechtfertigungslehre kam und darüber, dass die bestehenden Unterschiede nicht mehr Grund für Lehrverurteilung sein sollen.

• Der *Ökumenische Kirchentag* 2003 in Berlin, wobei aber Papst Johannes Paul II. die gemeinsame Abendmahlsfeier mit der Enzyklika »Ecclesia in Eucharistia« ausdrücklich verbat.

Der **interreligiöse Dialog** ist ein Gespräch zwischen Vertretern verschiedener Religionen. In Deutschland hat sich der interreligiöse Dialog seit den 1970er Jahren zwischen evangelischer bzw. katholischer Kirche einerseits und Judentum sowie Islam andererseits etabliert. Ziel und Zweck des interreligiösen Dialoges ist – nach der durch Intoleranz, Verfolgung und Kriegen belasteten Geschichte – eine bessere Kenntnis der anderen Religion durch Aufarbeitung der Vergangenheit, Toleranz und Sensibilisierung für die Anliegen und Belange des Dialogpartners, Abbau von Vorurteilen und ein daraus resultierendes besseres und friedliches Zusammenleben der Religionen in der Gesellschaft. Probleme des Dialoges ergeben sich, wenn die jüdischen bzw. islamischen Teilnehmer in der Minderheit beim interreligiösen Gespräch sind und auch eine Minderheit in ihrer eigenen Religion darstellen. Zudem ist

Erzbischof Robert Zollitsch und Rabbiner Henry G. Brandt beim Katholikentag 2008 in Osnabrück, in dessen Vorfeld es bezüglich der Karfreitagsfürbitten Konflikte gegeben hatte

der interreligiöse Dialog immer auch eine Gratwanderung zwischen Toleranz und Offenheit auf der einen und der Wahrung des eigenen Profils auf der anderen Seite. Thematische Schwerpunkte des jüdisch-christlichen Dialoges sind die Aufarbeitung des christlichen Antijudaismus (Antisemitismus) und des Holocaust sowie die Einordnung Jesu. Schwerpunkte des islamisch-christlichen Dialoges sind ebenfalls die Einordnung Jesu, aber auch Mohammeds, und das Problem der christlichen Vorstellung von der Dreifaltigkeit. Zu erwähnen sind die Friedenstreffen und -gebete in Assisi 1986 und 2002, zu denen Papst Johannes Paul II. Vertreter aller Weltreligionen eingeladen hatte.

Der Dialog der Religionen erfordert eine hohe Sensibilität der Dialogpartner füreinander. Fehlende Sensibilität kann schnell zu Missverständnissen, Konflikten und Rückschritten führen. Ein Beispiel dafür ist z. B. das vom damaligen Joseph Kardinal Ratzinger und heutigen Papst Benedikt XVI. verfasste Dokument »Dominus Jesus« der katholischen Kirche im Jahr 2000, das zwar den Dialog der Religionen nicht ablehnt, aber im Pluralismus der Religionen eine gewisse Gefahr sieht

Gebetstreffen aller Konfessionen in Assisi, zu dem Papst Johannes Paul II. 1986 eingeladen hatte

und deshalb deutlich die »Fülle und Endgültigkeit der Offenbarung Jesu Christi« betont. Noch deutlicher heißt es, »dass es dem katholischen Glauben widerspräche, die Kirche als *einen Heilsweg* neben jenen in den anderen Religionen zu betrachten, die komplementär zur Kirche, ja im Grunde ihr gleichwertig wären«. Das steht trotz gegenteiliger Beteuerung im Widerspruch zu der Erklärung über die nichtchristlichen Religionen (»Nostra Aetate«) des 2. Vatikanischen Konzils, wo es ausdrücklich heißt, die Kirche lehnt »nichts von alledem ab, was in diesen Religionen wahr und heilig ist.« Wenig Verständnis für einen Dialog der Religionen zeigt auch die evangelikale Bewegung im Protestantismus, denn ihre Ziele sind vorrangig Mission und Bekehrung. Dialog ist eine Form der Auseinandersetzung der Religion und Kirche mit der modernen Welt und der Globalisierung, die andere Form ist der Fundamentalismus als Ablehnung der Globalisierung. Auch der Fundamentalismus ist eine Erscheinung der modernen Zeit und kein mittelalterliches Phänomen.

Fundamentalismus – der Kampf gegen sittlichen Verfall und gegen die Moderne

Fundamentalismus ist eine Anschauung, die radikal, kompromisslos und bis zum Fanatismus die eigene Glaubensüberzeugung vertritt und durchsetzt, notfalls auch militant. Dabei beruft man sich auf die Grundlagen (»Fundamente«) des Glaubens und der Tradition und auf eine wörtliche Auslegung der Heiligen Schrift; die Modernisierung und Säkularisierung wird abgelehnt. Der Begriff Fundamentalismus war ursprünglich die positive Selbstbezeichnung einer Bewegung im evangelikalen Protestantismus, die in den USA des 19. Jh.s entstand, sich bis heute vor allem auf die wörtliche Auslegung der Bibel als dem Wort Gottes beruft und sich gegen Modernismus wie Säkularisierung (besonders auch gegen den Darwinismus) wendet. Eine genaue Definition und Eingrenzung des Phänomens des Fundamentalismus ist nicht möglich. Das zeigt schon die Spannweite von der positiven Selbstbezeichnung bis hin zum polemischen Schimpfwort. Die Grenzen zum konservativen bzw. orthodoxen Bereich sind fließend, zudem ist der Fundamentalismus kein statisches Phänomen, sondern verändert sich mit der Zeit. Allerdings lassen sich eine Reihe gemeinsamer **Kennzeichen** nennen:

- Ein geschlossenes Weltbild, das die Geschichte heilsgeschichtlich, endzeitlich und dualistisch deutet. Vergangenheit und Zukunft werden positiv, die Gegenwart negativ als Glaubensabfall bewertet.
- Ein Universalanspruch der eigenen Botschaften und Ziele sowie deren radikale Durchsetzung und damit verbunden Intoleranz und Missionsbewusstsein. Gefordert wird daher ein radikaler Kampf für die religiöse Wahrheit und gegen Irrtum, Glaubensabfall, sittlichen Verfall sowie Säkularisierung und Moderne.
- Der Rückgriff und die Berufung auf die religiöse Tradition, die als unveränderliche Größe gesehen wird. Die Heilige Schrift wird dabei wörtlich ausgelegt.
- Der Kampf gegen moralisch-sittlichen Verfall, verbunden mit patriarchaler Autorität und Geschlechterdualismus. Dabei gelten die Frauen als religiös minderwertig und dem Mann untergeordnet. Vertreten wird oft ein zweigeteiltes Frauenbild: Als Mutter-Typus, die ihrer Pflicht in Haus und Familie (einschließlich religiöser Erziehung) nachkommt, werden Frauen verehrt. Als Eva-Typus gelten sie als Verführerinnen und Agenten Satans.

Die wörtliche Bibelauslegung als »Fundament«; das Lamm mit dem »Buch der sieben Siegel« nach der Offenbarung; Skulptur an der Kanzel des Münsters in Bonn

Der **protestantische Fundamentalismus** in den USA entstand aufgrund äußerer Krisen und innerhalb der evangelikalen Bewegung. Von Beginn an spielten die wortwörtliche Auslegung der biblischen Schöpfungsgeschichte und der damit verbundene Antidarwinismus eine besondere Rolle. Vereinigungen des protestantischen Fundamentalismus sind die *World's*

Christian Association, die *Moral Majority* (gegründet 1979 von dem Baptisten Jerry Falwell, aufgelöst 1990) sowie die *Christian Coalition* (entstanden unter Einfluss der Pfingstbewegung, gegründet 1988 von Pat Robertson). Zu erwähnen ist auch die *Operation Rescue* und die *American Coalition of Life Activists*, die einen militanten Kampf gegen die Abtreibung führen und auch vor Mord nicht zurückschrecken. Der Fundamentalismus setzt gezielt die modernen Medien für seine Ziele und Belange ein. Bekanntestes Beispiel ist der Prediger Billy Graham und seine sog. Elektronische Kirche. Gerade die Vermischung von Religion und Politik bzw. der Wunsch nach einem Eingreifen in das politische Geschehen ist kennzeichnend für den protestantischen Fundamentalismus. Wesentliche Grundlagen sind die sog. *Five Points of Fundamentalism*: der Glaube an die absolute Irrtumslosigkeit der Bibel (und entsprechend ihre wortwörtliche Auslegung), an die Jungfrauengeburt, die leibliche Auferstehung, das stellvertretende Sühneopfer und die Wiederkunft Christi zur Errichtung eines Tausendjährigen Reiches vor dem Jüngsten Gericht. Gerade die ersten vier Punkte sind auch die Themen, die in fundamentalistischen Kreisen der katholischen Kirche immer wieder eine Rolle spielen.

Während der protestantische Fundamentalismus sich auf die Bibel beruft, ist für den **katholischen Fundamentalismus** der Papst ausschlaggebend – nach dem Motto: Der Papst sagt und fordert es so. Als Beispiele fundamentalistischer Tendenzen in der katholischen Kirche ist zunächst die Phase des sog. Antimodernismus (»Syllabus« von Pius IX. Mitte des 19. Jh.s, »Lamentabili« und die Enzyklika »Pascendi« von Pius X. 1907) zu nennen (s. S. 116 ff.). Weitere Beispiele für fundamentalistische Tendenzen in der katholischen Kirche waren und sind z. B. Marcel Lefebvre (1905–1991) und seine Bewegung, die Priesterbruderschaft *St. Petrus*, das *Engelwerk (Opus Angelorum), Opus Dei,*

Pro Missa Tridentina, die *Bewegung für Papst und Kirche* und die *Una-Voce*-Bewegung. Diese Gruppen üben vor allem Kritik am Modernismus und Säkularismus, z. T. aber auch am Papst und an Rom, wenn diese zu liberal erscheinen.

Die Frau – das »Tor zur Hölle«?

In der ur- und frühchristlichen Gemeinde nahmen Frauen gemeindetragende Funktionen ein. So werden im Römerbrief des Paulus z. B. Phöbe als Diakonin (Röm 16,1) und Prisca als Mitarbeiterin des Paulus (Röm 16,3) genannt sowie der »angesehene Apostel« Junias, der aller Wahrscheinlichkeit nach eine Frau namens Junia war (Röm 16,7), da ansonsten ein Männername Junias in der Antike nicht belegt ist. Aber gerade bei Paulus gibt es auch die beiden berühmten Stellen des Schweige- und Lehrverbotes für die Frau: So sollen die Frauen »in der Versammlung schweigen; es ist ihnen nicht gestattet zu reden. Sie sollen sich unterordnen, wie auch das Gesetz es fordert. Wenn sie etwas wissen wollen, dann sollen sie zu Hause ihre Männer fragen; es gehört sich nicht für eine Frau, vor der Gemeinde zu reden.« (1 Kor 14,34f). Diese Stelle ist wahrscheinlich ein späterer Einschub, da sie im Widerspruch zu 1 Kor 11,5 steht. Das zweite Zitat von Paulus lautet: »Dass eine Frau lehrt, erlaube ich nicht, auch nicht, dass sie über ihren Mann herrscht; sie soll sich still verhalten. Denn zuerst wurde Adam erschaffen, danach Eva. Und nicht Adam wurde verführt, sondern die Frau ließ sich verführen und übertrat das Gebot. Sie wird aber dadurch gerettet werden, dass sie Kinder zur Welt bringt, wenn sie in Glaube, Liebe und Heiligkeit ein besonnenes Leben führt.« (1 Tim 2,12-15) Hintergrund für diese Stelle ist wahrscheinlich die Absicht des Paulus, sich von gnostischen Gruppen abzugrenzen, bei denen unverheiratete oder verwitwete Frauen eine besondere Rolle vor allem

Die Jungfrau von Guadalupe ist ein Beispiel für den Marienkult in einer patriarchalischen Gesellschaft. Gnadenbild in der »Basilika«, Mexiko City

in der Mission einnahmen, verbunden mit der Forderung nach Verzicht auf Sexualverkehr, Heirat und Kinder. Diese beiden Zitate von Paulus zeigen zum einen die jahrhundertelange christliche Einstellung zu Frauen, zum anderen wurden sie immer dann zitiert, wenn es darum ging, Frauen in der Kirche eine untergeordnete Stellung zuzuschreiben, ihre Minderwertigkeit zu betonen und sie von vielen Ämtern (vor allem dem Priesteramt) auszuschließen.

Im 3. und 4. Jh. verstärkten sich frauenfeindliche Tendenzen der Kirche: So ist für Tertullian die Frau das »Tor zur Hölle«, für den syrischen Kirchenvater Aphrahat der »Steigbügel des Satans« und der Kirchenvater Ambrosius meinte: »Mir scheint dennoch, dass von der Frau das Laster und die Lüge in der Welt ausgegangen sind.« Die Liste der polemischen Zitate lässt sich noch beliebig erweitern, über das Mittelalter bis hin zur Neuzeit. Generell wurden der Frau von der Kirche immer primär die Bereiche Haus und Familie zugeordnet. Entsprach sie nicht der gängigen Frauenrolle, galt sie als Verführerin, Hure oder Hexe. Auffallend ist, dass gerade in Ländern mit patriarchalischer Gesellschaftsstruktur und ausgeprägtem Geschlechterdualismus (z. B. Süd- und Osteuropa, Lateinamerika) die Marienverehrung und Marienfrömmigkeit nach wie vor besonders präsent ist und im Vordergrund steht.

Hildegard von Bingen, Standbild in der Anlage des von ihr gegründeten Klosters Rüdesheim-Eibesfeld

Im Laufe der Kirchengeschichte gab es auch einige hervorragende Frauen wie z. B. Heilige, Äbtissinnen von Klöstern oder Mystikerinnen. Als ein hervorragendes Beispiel sei Hildegard von Bingen (1098–1179) erwähnt. Sie ist in mehrfacher Hinsicht eine für das Mittelalter ungewöhnliche Frau: Nicht nur wegen ihres Schrifttums, sondern auch wegen der Beschäftigung mit den unterschiedlichsten Bereichen der Theologie, Musik, Natur- und Heilkunde kann sie als Universalgenie gelten. Ihre Nachwirkung hält bis heute an, kennzeichnenderweise aber mehr im esoterischen als im kirchlichen Bereich.

Bis heute werden in der katholischen Kirche die Frauen vom Priesteramt, aber auch vom Diakonat ausgeschlossen. Zur Begründung werden die Schrift (vor allem die oben zitierten Stellen aus den Paulus-Briefen, 1 Kor 14,34; 1 Tim 2,12–15) und die Tradition (bisher hat es in der Kirche nie Frauen als Priester gegeben) herangezogen. Es wird argumentiert, dass Jesus nur Männer, eben die 12 Apostel, berufen habe. Und diese haben wiederum nur Männer durch Handauflegen zu ihren Nachfolgern geweiht (Apostolische Sukzession). Ferner wird auf die Symbolik von Braut und Bräutigam verwiesen: Der Priester repräsentiert in der Eucharistiefeier die Person Christi als Bräutigam, die Gemeinde die »Braut Christi«, und demnach gehört das Mann-Sein als Symbolik zum Priester und ist unveränderlich. Und es wird gerne ergänzt, dass Frauen auf andere Weise ihr Charisma und ihre Aktivität in der Kirche einsetzen könnten.

1977 wurde unter Papst Paul VI. die Erklärung »Inter insigniores« der Kongregation für die Glaubenslehre verabschiedet, die die Zulassung der Frau zum Priesteramt strikt ablehnte. Weltweit wurde diese Erklärung kritisiert, selbst von Mitgliedern vatikanischer Behörden. Johannes Paul II. verschärfte die Ablehnung der Frauenordination mit dem Apostolischen Schreiben »Ordinatio sacerdotalis« (1994) dennoch.

Die katholische Kirche – nur eine Sache der Männer? Katholikentag in Düsseldorf 1982

Am Rande sei noch erwähnt, dass erst nach dem 2. Weltkrieg für Frauen (wie überhaupt für Laien) in der evangelischen Kirche ein Theologiestudium mit Promotion und Habilitation möglich war, in der katholischen Kirche erst seit den 1960er Jahren.

Die Einstellung der evangelischen Kirche zur Frau war und ist der Zeit und der Gesellschaft angepasst. War früher für Frauen die Ausübung des Pfarrerberufes nicht möglich, so führten seit den 1950er Jahren die evangelischen Mitgliedskirchen des *Lutherischen Weltbundes* die Frauenordination ein. Auch das Amt des Bischofs steht den Frauen offen, allerdings sind es in der Praxis wenige Frauen, die es ausüben (in Deutschland bisher drei). Die Frauenordination ist in der westlichen Welt (Europa, USA und Australien) häufiger als in Afrika, Asien und Lateinamerika. Es gibt auch eine Reihe evangelischer Kirchen ohne Frauenordination (so z. B. alle Mitgliedskirchen im *Internationalen Lutherischen Rat* oder die Freikirchen). Die Anglikanische Kirche führte die Frauenordination in den 1970er Jahren ein.

Kirche und Moral – Ehe, Familie und Sexualität

Die Bereiche, in denen die Kirchen nach wie vor in der Gesellschaft präsent und auch gefragt sind, sind Moral, Ethik und vor allem auch Bioethik. Gerade in der Bioethik sind die Kirchen ein Gegengewicht zu einer Wissenschaft, die sich im Grenzbereich zwischen Hilfe und Heilung für den Menschen einerseits und Instrumentalisierung und Verletzung der Menschenwürde andererseits bewegt.

In den Bereichen Ehe, Familie, aber vor allem auch Sexualität (einschließlich Verhütung und Abtreibung) hat sowohl für die katholische wie auch für die evangelische Kirche der Schutz des menschlichen Lebens (geboren oder ungeboren) Vorrang. Begründet wird dies mit dem 5. Gebot »Du sollst nicht töten!« und mit der Würde des Menschen. *EKD* und die *Deutsche Katholische Bischofskonferenz* gaben 1989 gemeinsam die Erklärung »Gott ist ein Freund des Lebens« heraus, wo u. a. insbesondere die Verantwortung in Sexualität und Partnerschaft sowie der Schutz des ungeborenen Lebens betont werden. Über das Ziel ist man sich einig, ansonsten gibt es aber doch Unterschiede.

Der Standpunkt der **katholischen Kirche** zu den Bereichen Ehe, Familie, Sexualität, Verhütung und Abtreibung ist in der Enzyklika »Humanae Vitae« (1968) von Papst Paul VI. dokumentiert. »Humanae Vitae« weist ausdrücklich daraufhin, dass das kirchliche Lehramt für Fragen von Ehe, Familie und Sexualität zuständig ist und diese demnach nicht in der Verantwortung des Einzelnen liegen. Danach ist Sexualität nur innerhalb der ehelichen Gemeinschaft erlaubt und immer auf Fortpflanzung ausgerichtet. So stellt »Humanae Vitae« ausdrücklich fest, »dass jeder einzelne eheliche Akt nur dann sittlich gut ist, wenn er für die Weitergabe des Lebens offen bleibt.« Fortpflanzung bzw. Kinder sind letztlich Ziel und Zweck der Ehe. Aufgrund dieser ausschließlichen Verbindung von Ehe, Sexualität und Fortpflanzung wird auch die Homosexualität von der katholischen Kirche abgelehnt. Nicht homosexuelle Neigungen, wohl aber das Ausleben dieser Neigungen bzw. homosexuelles Handeln wird als schwere Sünde bewertet. Die Enzyklika »bleibt auch heute wahr«, wie Papst Benedikt XVI. anlässlich des 40. Erscheinungstages von »Humanae Vitae« 2008 betonte.

Papst Paul VI. (1963–1978) gab die Enzyklika »Humanae Vitae« heraus.

Die katholische Kirche erlaubt die Empfängnisregelung als natürliche Methode, aber verbietet die Empfängnisverhütung durch künstliche Methoden wie Anti-Baby-Pille, Kondom etc. Die Empfängnisregelung erfolgt durch Enthaltsamkeit oder durch die Wahl der unfruchtbaren Perioden der Frau. Gerade in Ländern der Dritten und Vierten Welt ist nach den Folgen des Wechselverhältnisses des katholischen Verbotes der Empfängnisverhütung und des Bevölkerungswachstums sowie den damit zusammenhängenden Problemen (Armut, Verschärfung der Ernährungskrise etc.) zu fragen. Das Verbot von Kondomen wird aufgrund des ungeschützten Geschlechtsverkehrs von Kritikern als eine der Ursachen für die starke Verbreitung von AIDS (vor allem in Afrika oder Brasilien) gesehen. Abtreibung verbietet die katholische Kirche, weil nach katholischer Auffassung bereits die befruchtete Eizelle ein Mensch ist, dem als Ebenbild Gottes die menschliche Würde zukommt. Eine Abtreibung ist nach dieser Sicht Tötung menschlichen Lebens.

Nach der **evangelischen Auffassung** liegt Sexualität in der Verantwortung des Einzelnen, der Kirche kommt aber die Funktion der Hilfestellung bei der Urteilsbildung zu. Nach der »Denkschrift zu Fragen der Sexualethik« der *EKD* 1981 wird die »Verantwortung für werdendes Leben« betont. Aber Sexualität ist danach nicht ausschließlich auf Fortpflanzung ausgerichtet. Dies ist ein entscheidender Unterschied zur katholischen Kirche und hat eine offenere Einstellung zu Fragen der Verhütung, Abtreibung oder auch Homosexualität zur Folge. So wird die Anwendung von Verhütungsmitteln nicht untersagt, sofern sie nicht werdendes Leben tangieren. Ungeborenes Leben ist prinzipiell schützenswert. Entsprechend ist ein Schwangerschaftsabbruch nach Möglichkeit zu verhindern und es gibt kein Recht auf Schwangerschaftsabbruch. Allerdings sieht die evangelische Kirche – im Unterschied zur katholischen – Ausnahmemöglichkeiten in besonderen Konfliktsituationen für die Mutter (wie z. B. Alter, finanzielle Not, Behinderung des Kindes, Beziehungsprobleme). Abschließend sei noch darauf hingewiesen, dass die protestantische evangelikale Bewegung in ihrer Einstellung zu Ehe, Familie und Sexualität eher zur katholischen Sicht als zum Mainstream der evangelischen Kirche tendiert. In den protestantisch-fundamentalistischen Kreisen gibt es Vertreter, die radikalmilitant die Abtreibung bekämpfen und dafür sogar morden.

Die neue Konkurrenz der Kirchen – Esoterik und neue Religiosität

Waren es in den 1960er und 1970er Jahren die sog. Jugendsekten, die sehr viel mehr Jugendliche ansprachen als die traditionellen Kirchen, so erscheinen seit den 1980er Jahren die Esoterik und neue Religiosität als Konkurrenz der Kirchen, die über die Gruppe der Jugendlichen hinausgeht. Die moderne Esoterik hat ihren Ursprung in der 1968er Bewegung und begann als Ausdruck einer gegenkulturellen Bewegung, speziell als Opposition und Alternative zur offiziellen Religion, ebenso aber auch als Weltflucht. Die Frustration durch die zunehmende soziale und ökologische Krisensituation hatte eine Faszination für Neues und Fremdes bzw. für die Exotik als Alternative zu herkömmlichen Religionsformen, Ideologien und Lebensformen zur Folge.

Ein wesentlicher Punkt ist auch der Verlust von Religion im Zeitalter der Moderne (und Postmoderne), das durch Säkularisierung, Technologisierung und Entfremdung geprägt ist. Der Soziologe Max Weber spricht von »Entzauberung«. Esoterik füllt hier eine Lücke und setzt dem eine »Wiederverzauberung« entgegen. Hinzu kommen eine Sehnsucht nach Verbundenheit und Einheit mit der Natur, die man als ursprünglichen Zustand ansieht, und der Wunsch nach Selbst- bzw. Identitätsfindung durch Bewusstseinserweiterung.

Im Unterschied zu der meist als Äußerlichkeit empfundenen Praxis der offiziellen Kirchen verspricht Esoterik spirituelle Erfahrung und das Erleben von Religion, die Erfahrung der Selbstfindung und Selbstverwirklichung sowie die Einheit des Menschen mit sich selbst (Körper - Seele), aber auch mit der Welt und dem Kosmos im Vordergrund. Zum anderen entspricht Esoterik dem Zeitgeist dadurch, dass sie erstens eine

Dr. Albert Schweitzer (1875–1965) im Arbeitszimmer seines Hospitals in Lambarene, Gabun. Seine Ideen beeinflussten die Esoterik.

individuelle Form von Religion anbietet, frei von den Zwängen einer festen Lehre, eines Dogmas oder der Gemeinschaft. Esoterik verfügt in den Zeiten der Globalisierung über eine große Integrationskraft, indem sie offen und aufnahmefähig ist für andere, fremde Kulturen und Religionen, die sie entsprechend überformen und modernisieren kann. Und schließlich versucht Esoterik die Auseinandersetzung mit den Problemen der Zeit, wie z. B. den ökologischen Problemen. Ein Vorteil der Esoterik ist dabei auch das ganzheitliche (holistische) Weltbild in Zeiten der Globalisierung, das einerseits die Einheit des Individuums mit dem Kosmos und andererseits mit dem Göttlichen betont. Auch Körper, Seele und Geist werden als Einheit gesehen. Darin unterscheidet sie sich von der anthropozentrischen Weltsicht des Christentums, nach der der Mensch als Krone der Schöpfung und Ebenbild Gottes sich wesentlich und qualitativ von der übrigen Schöpfung unterscheidet. Für die Kritiker des Christentums ist damit nicht nur die Idee der Beherrschung der Natur (auch im Sinne der Ausbeutung), sondern ebenso die Vorstellung vom Körper als etwas Minderwertigem (Leibfeindlichkeit, negative Sicht der Sexualität als Sünde) verbunden.

Prinzipiell ist das Verhältnis von Esoterik und Christentum durch gegenseitige Ablehnung gekennzeichnet. Oft sind die Grenzen zwischen beiden aber fließend und nicht streng getrennt. Die Kirchen versuchen sowohl dem zunehmenden Bedürfnis nach individueller Spiritualität und Frömmigkeit entgegenzukommen, aber auch dem nach Religion und Gemeinschaft als Event und Erlebnis. Als Beispiele sind hier zu nennen: Wallfahrten, Klosterleben auf Zeit, Kirchen- bzw. Katholikentage oder spezielle Veranstaltungen für Jugendliche wie die *Weltjugendtage* der katholischen Kirche.

Zukunft der Kirchen angesichts neureligiöser Konkurrenz? Fronleichnamsprozession 2008

Die orthodoxen Kirchen: geschichtliche Entwicklungen und Tendenzen

Zur Erinnerung: In der Alten Kirche gab es fünf große Patriarchate: Rom, Konstantinopel, Alexandrien, Antiochien und Jerusalem. Auf dem Konzil von Chalcedon 451 kam es zur ersten Spaltung der Kirchen: Rom, Konstantinopel und Jerusalem folgten den Entscheidungen des Konzils, während einige Bischöfe von Alexandrien und Antiochien bzw. die aus diesem Streit entstandenen (alt)orientalischen Kirchen nicht den Entscheidungen von Chalcedon folgten (s. S. 37). Dabei ging es um die Frage der göttlichen und menschlichen Natur Jesu. Nach dem Konzil von Chalcedon ist Jesus durch zwei Naturen gekennzeichnet: eine göttliche und eine menschliche. Die Orientalisch-Orthodoxen Kirchen vertreten im Unterschied dazu einen Monophysitismus, der die göttliche Natur Jesu hervorhebt. Die Bezeichnung Monophysiten (die hier zum besseren Verständnis des Lesers beibehalten wird) lehnen die orientalischen Kirchen ab und ziehen die Bezeichnung Miaphysiten oder Diplophysiten vor.

Nach Differenzen und Konkurrenzstreitigkeiten zwischen Rom und Konstantinopel, vor allem über das Primat des Papstes in Rom oder das *Filioque* im Glaubensbekenntnis (beides wurde von der Ostkirche abgelehnt), kam es 1054 zum Schisma (s. S. 64 ff.), zur endgültigen Trennung zwischen West- und Ostkirche.

Christus Pantokrator (Allherrscher) – An der Frage nach dem Wesen Jesu Christi unterschieden sich die Orthodoxe Kirche und die Orientalisch-Orthodoxe Kirche. Chora-Kloster, erste Hälfte des 14. Jh.s, Konstantinopel/Istanbul

Heute bestehen die Ostkirchen aus zwei großen Gruppen bzw. Konfessionen: der Orthodoxen Kirche in chalcedonischer bzw. byzantinisch-griechischer Tradition und den Orientalisch-Orthodoxen Kirchen in nichtchalcedonischer Tradition.

Die Orthodoxe Kirche (in der chalcedonischen, byzantisch-griechischen Tradition)
Die Orthodoxe Kirche in der chalcedonischen bzw. byzantinisch-griechischen Tradition fasst vierzehn autokephale (griech. = selbstständig) und zwei autonome Kirchen zusammen. Die autokephalen Kirchen sind in ihrer Administration völlig selbstständig und wählen ihr Oberhaupt selbst, bei den autonomen Kirchen dagegen muss die Wahl des Oberhaupts vom Patriarchen von Konstantinopel bestätigt werden. Das Patriarchat von Konstantinopel, seit dem 6. Jh. auch Ökumenisches Patriarchat genannt, ist das erste in der Reihenfolge der Orthodoxen Kirche, und sein Oberhaupt, der Ökumenische Patriarch, ist der Ehrenprimas der Weltorthodoxie. Die anderen autokephalen Kirchen entstanden infolge der Aufteilung des Osmanischen Reiches in Nationalstaaten im 19. und Anfang des 20. Jh.s: die Orthodoxe Kirche von Griechenland, Serbische Orthodoxe Kirche, Rumänische Orthodoxe Kirche, Bulgarische Orthodoxe Kirche, Orthodoxe Kirche von Albanien – diese gehören zum Ökumenischen Patriarchat. Durch Aufteilung des Russischen Reiches entstanden die Orthodoxe Kirche von Polen, Georgien, Tschechien und der Slowakei, aber auch die autonomen Orthodoxen Kirchen von Finnland und Estland (die zur Russischen Orthodoxen Kirche gehören). So gehören heute zur Orthodoxen Kirche insgesamt

- die alten Patriarchate von Konstantinopel, Alexandrien, Antiochien und Jerusalem,
- die neuen Patriarchate der Orthodoxen Kirche Russlands, Serbiens, Rumäniens, Bulgariens und Georgiens,

»Agia Trias« in Bonn, Metropolitankathedrale der Griechisch-orthodoxen Metropolie von Deutschland

- die autokephalen Kirchen, die keine Patriarchate bilden: die Orthodoxe Kirche Zyperns, Griechenlands, Polens, Albaniens, Tschechiens und der Slowakei sowie
- die autonomen Kirchen Finnlands und Estlands.

Innerhalb der (byzantinischen) Orthodoxen Kirche und innerhalb der Orientalisch-Orthodoxen Kirchen besteht jeweils eine Kirchen-, Gottesdienst- und Sakramentengemeinschaft – nicht aber zwischen der Orthodoxen Kirche und den Orientalisch-Orthodoxen Kirchen. Daher werden Ämter, Sakramente etc. innerhalb beider Kirchenfamilien über nationale Grenzen hinweg gegenseitig anerkannt. Jedes Patriarchat wird von einem Patriarchen geleitet. Die Kirchen, die kein Patriarchat haben, bestehen aus mehreren Bistümern und werden von einem Metropoliten oder Erzbischof geleitet. In der Orthodoxen Kirche kommt dem Ökumenischen Patriarch von Konstantinopel kein Jurisdiktionsprimat (wie dem Papst), aber ein sog. Ehrenprimat der Liebe zu. Dies kommt darin zum Ausdruck, dass er in Angelegenheiten, die die ganze Orthodoxe Kirche betreffen, den Vorsitz hat und initiativ werden kann.

Durch politische Machtverhältnisse und durch Mission breitete sich das orthodoxe Christentum aus. Die slawischen orthodoxen Kirchen (mit Ausnahme der serbischen) entstanden durch die Mission der sog. Slawenapostel Kyrill und Methodios, zweier Brüder aus

Thessaloniki, die von Photius, dem Patriarchen von Konstantinopel, ausgesandt worden waren.

Russland kam schon in der Antike mit dem Christentum durch Konstantinopel in Berührung. Eine Legende führt das russische Patriarchat auf den Apostel Andreas zurück. Als Beginn des Christentums in Russland gilt aber die sog. Taufe Russlands im Jahr 988, als der Großfürst Wladimir (gest. 1015) sich und sein Volk taufen ließ. Eine entscheidende Rolle bei der Christianisierung spielten die Mönche. Die Herrschaft der Mongolen (1240–1480) bedeutete für die russische Kirche weniger, wie oft behauptet, einen Rückschritt als vielmehr eine Zeit der freien Entfaltung. Nachdem Moskau die neue Hauptstadt geworden war, wechselte auch das Zentrum der russischen Kirche von Kiew dorthin.

Basiliuskathedrale in Moskau

Die orthodoxen Kirchen: geschichtliche Entwicklungen und Tendenzen

1453 wurde mit der Eroberung Konstantinopels durch die Türken die russische Kirche unabhängig von Konstantinopel. Der Metropolit von Moskau wurde 1589 zum Patriarchen erhoben, und Moskau stand nun an fünfter Stelle in der Rangliste der Patriarchate. Die russische Kirche war vom Zaren abhängig, daneben gab es aber auch eine durch Mönche und Laienseelsorger geprägte Volksfrömmigkeit. 1652 führte der Patriarch Nikon liturgische Reformen nach griechischem Vorbild durch (vor allem die Bekreuzigung mit drei statt zwei Fingern). Diese Reformen und andere Neuerungen lehnten die »Altgläubigen« ab und es kam zu einer Abspaltung. Die Altgläubigen konnten sich nur mit dem Rückzug in entlegene Gebiete vor den Verfolgungen retten.

Zar Peter d. Gr. (1682–1725), der eine Modernisierung Russlands nach westlichem Vorbild vornahm, schaffte das Patriarchat von Moskau ab und ersetzte es 1721 – nach protestantischem Vorbild – durch die Kirchenleitung eines »allerheiligsten regierenden Synod«. Zur Kontrolle bzw. Wahrung der Interessen des Zaren wurde ein Oberprokuror, ein Oberstaatsanwalt eingesetzt. Die Nachfolger Peters d. Gr. gliederten den Synod in die staatliche Verwaltung ein. Im 19. Jh. vermischten sich in Russland westliche Ideen der Aufklärung mit gnostischen Spekulationen, slawischem Nationalismus (Slawophile) sowie der kirchlichen Intoleranz gegenüber den Katholiken Polens und den Protestanten Deutschlands. Die russische Revolution von 1917/18 bedeutete für die Russisch-Orthodoxe Kirche den Beginn starker Verfolgung und Unterdrückung, sie erreichte aber 1943 die staatliche Anerkennung und erhielt mit der Russischen Republik größere Freiheiten. Durch Mission der Russischen Orthodoxen Kirche in Japan und Alaska entstanden die Orthodoxe Kirche in Japan und die Orthodoxe Kirche in Amerika, deren Status als autokephal oder als Teil der Russischen Kirche bis heute umstritten ist.

Die Orientalisch-Orthodoxen Kirchen (in der nicht-chalcedonischen Tradition)
Die zweite große Gruppe der orthodoxen Kirchen ist die der nicht-chalcedonischen Orientalisch-Orthodoxen Kirchen, auch Altorientalisch-Orthodoxe Kirchen genannt: die Koptische Kirche, die Äthiopische Kirche, die Syrisch-Orthodoxe Kirche (westsyrische Kirche), die Heilige Apostolische und Katholische Assyrische Kirche des Ostens (ostsyrische Kirche), die Armenische Apostolische Kirche, die Indisch-Orthodoxe Kirche (Thomas- oder Malankarkirche). Sie alle, mit Ausnahme der nestorianisch geprägten Ostsyrer, lehnen die Konzilsbeschlüsse von Chalcedon 451 ab und bekennen sich zum Monophysitismus (s. o.).

Die **Koptische Kirche** (von griech. *aigyptioi* = Ägypter), heute die Nationalkirche Ägyptens, ging aus dem Patriarchat von Alexandrien hervor. Sie führt ihren Ursprung auf den Evangelisten Markus zurück. So nennt sich das Oberhaupt der Kopten, das seinen Sitz in Alexandria hat, »Papst von Alexandria und Patriarch des Stuhles des heiligen Markus«. Die Koptische Kirche hat auch eine eigene Liturgie, die Markus-Liturgie.

Die Anfänge der Koptischen Kirche sind einerseits durch die sog. Alexandrinische Theologie der Schule von Alexandrien geprägt, deren Vertreter z. B. Clemens von Alexandrien, Origenes oder Athanasius waren, zum anderen durch die Anfänge des Mönchtums, vertreten durch Antonius und Pachomius (s. S. 39f.). Zu einer eigenständigen Kirche entwickelte sich die Koptische Kirche in der Zeit vom 5.–7. Jh.

Schenuda III., der Papst der Koptischen Kirche

Die Koptische Kirche stand in enger Verbindung mit der westsyrischen Kirche. Der Patriarch Dioskuros I. von Alexandrien wurde auf dem Konzil von Chalcedon 451 verurteilt und in der Folge lehnte die Mehrheit des Landes die Beschlüsse des Konzils ab. Daran konnten auch Zwangsmaßnahmen von

Konstantinopel nichts ändern. Der Monophysitismus setzte sich als offizielle Lehre der Koptischen Kirche durch. Es bildete sich die nationale koptische Gruppe der »Monophysiten«, die sich von der byzantinischen Reichskirche trennten und auf der anderen Seite die kleine Gruppe der von Konstantinopel unterstützten »Melkiten« (aramäisch = Kaiserliche). Die islamische Herrschaft beendete die Verfolgungen der Koptischen Kirche durch Byzanz, die Melkiten verschwanden fast ganz. Allerdings kam es bald zur Unterdrückung durch den Islam, vor allem unter den Mamelucken (1257–1517) und den Osmanen (ab 1517) kam es zur Verfolgung und zum Niedergang der Koptischen Kirche. Seit dem 19. Jh. ist wieder ein Erstarken der Koptischen Kirche festzustellen. Unter Patriarch Kyrillos VI. (1959–1971) kam es zu einem intensiven Aufschwung des kirchlichen Lebens in Ägypten, der sich unter seinem Nachfolger, Papst Schenuda III. (seit 1971), fortsetzte.

Nach **Äthiopien** gelangte das Christentum im 4. Jh. durch die Mission der syrischen Brüder Frumentius und Aedesius am Hof des Königs Aizanas in Aksum. Frumentius erstattete Athanasius in Alexandrien Bericht und bat ihn, einen Bischof oder Priester nach Äthiopien zu senden. Athanasius setzte daraufhin Frumentius selbst als Bischof von Äthiopien ein, der so zum Apostel Äthiopiens wurde. Dies mag ein Grund sein, dass die Äthiopische Kirche bis 1951 koptische Metropoliten hatte. Unter Einfluss der Missionstätigkeit von neun syrischen Mönchen, den sog. Neun Heiligen, bekannte sich die Äthiopische Kirche um 500 zum Monophysitismus. Ab dem 8. Jh. musste sich die Äthiopische Kirche gegen den Islam wehren. Im 17. Jh. kam es unter Einfluss der Portugiesen zu einer Union mit Rom, die aber nicht lange bestand. Nur ein kleiner Rest der Äthiopischen Kirche ist bis heute mit Rom uniert. In der folgenden Zeit musste sich die den Kopten angeschlossene Äthiopische Kirche mit den europäischen Eroberern auseinandersetzen. 1951 erfolgte die Unabhängigkeit von der Koptischen Kirche Ägyptens als Äthiopische Orthodoxe Kirche. Als 1974 die Sozialisten die Macht übernahmen, bedeutete dies für die Äthiopische Kirche das Ende als Staatskirche sowie Unterdrückung und Verfolgung. Erst 1992, nach Ende der sozialistischen Herrschaft, konnte wieder ein Patriarch eingesetzt werden. Während des äthiopisch-eriträischen Krieges machte sich die Eriträisch-Orthodoxe Kirche unabhängig.

Die Orientalisch-Orthodoxe Kirche in **Syrien** ist unterteilt in eine westsyrische und eine ostsyrische Kirche. Das Gebiet der westsyrischen Kirche ist das ehemalige römische und dann byzantinische Westsyrien mit Antiochien und Edessa als Sitz des Patriarchen. Das Gebiet der ostsyrischen Kirche ist das ehemalige persische bzw. sassanidische Ostsyrien (außerhalb des Römischen Reiches), d. h. Mesopotamien und Persien (heute vor allem Irak), das seit dem 7. Jh. islamisch ist. Die westsyrische Kirche nennt sich heute *Syrisch-Orthodoxe Kirche* oder *Westsyrer*, die ostsyrische Kirche *Heilige Apostolische und Katholische Assyrische Kirche des Ostens* oder auch *Assyrische Kirche, Kirche des Ostens, Ostsyrisch-Orthodoxe Kirche* oder *Aramäer*. Von außen wird sie auch manchmal als nestorianische Kirche bezeichnet. Von beiden Kirchen hat sich ein Teil zu einer Union mit der römisch-katholischen Kirche abgespalten: Von der westsyrischen Kirche bildete die *Syrisch-Katholische Kirche*, von der ostsyrischen Kirche die *Chaldäische Kirche* eine Union mit Rom.

Die **westsyrische Kirche** sieht ihren Ursprung in dem Patriarchat von Antiochien. Als eigene Kirche formierte sie sich unter Jakobos Baradaios (490–578), der 542 zum Bischof von Edessa geweiht wurde. Jakobos Baradaios vertrat die monophysitische Lehre und seine Anhänger werden von Außenstehenden bis heute »Jakobiten« genannt. Paulos von Bet Ukkame (564–577), der noch von Jakobos zum Patriarchen geweiht wurde, lehnte den Monophysitismus ab. Es kam zum Schisma mit der bis dahin verbundenen Koptischen Kirche, Paulos ging nach Konstantinopel. Das syrisch-koptische Schisma wurde 615/16 durch den Patriarchen Athanasios Gammala beendet, als er nach Ägypten reiste. Aber im 7. und 9. Jh. kam es noch zweimal zum Schisma. Die Jakobiten gelangten seit dem 6. Jh. zu großem Einfluss. Mit der armenischen Kirche kam es 726 zu einer Union, aber nachfolgend wieder zu Zerwürfnissen. Später vereinigte sich auch ein Teil der Thomaschristen mit der Syrisch-Orthodoxen Kirche. Die Liturgie der westsyrischen Kirche ist griechisch beeinflusst.

Die **ostsyrische Kirche**, die nestorianisch geprägt war, konnte sich im Partherreich (bis 224) anfangs friedlich entwickeln. Zentren waren Adiabene und Huizistan. Die ostsyrische Kirche stand in besonderer Auseinandersetzung mit dem Judentum, wovon der Theologe Aphrahat Zeugnis ablegte. Durch Mission gelangte das Christentum bis nach Indien (Thomaschristen) und China. Der Legende nach gelten die Apostel Thomas, Addai und dessen Schüler Mari als ostsyrische Apostel. Die ostsyrische Kirche betonte ihre Unabhängigkeit von der westlichen Kirche auf einer Synode 484 und übernahm die antiochenische Christologie. Ferner wurde sie vom Pelagianismus (s. S. 38 f.) beeinflusst und betonte – im Unterschied zu Augustin – mehr den menschlichen Willen und die Vernunft. Im Sassanidenreich musste sich die Kirche mit der zoroastrischen Religion auseinandersetzen und arrangieren. Ob Mohammed das Christentum nur durch die ostsyrische Kirche in der nestorianischen Form kennenlernte und diese dadurch dem Islam den Weg vorbereitete, ist nicht eindeutig geklärt. Auf jeden Fall erlebte die ostsyrische Kirche unter der islamischen Herrschaft eine Blütezeit, die durch die Eroberung der Mongolen beendet wurde. Durch die ostsyrischen Christen wurde den Arabern die griechische Philosophie und Wissenschaft vermittelt. Während des Ersten Weltkrieges waren die im kurdischen Bergland des Iran ansässigen Christen zur Flucht gezwungen. Sie mussten Unterdrückung, Verfolgungen und Völkermord erleiden, konnten nicht in ihre Heimat zurückkehren und verbreiteten sich von Syrien und dem Libanon aus weltweit. Der Sitz des Patriarchen ist heute Chicago.

Die **Armenische Apostolische Kirche** wurde der Überlieferung nach schon im Jahre 301 zur Staatskirche (noch vor der römischen Staatskirche!), als sich König Tiridates III. mit dem armenischen Volk taufen ließ. Somit wäre die Armenische Apostolische Kirche die älteste christliche Staatskirche. Sie erfuhr mit dem Ende des Königtums der Arsakiden 428 in Armenien und der persischen Eroberung Unterdrückungen und Einschränkungen. Schließlich kam es zu einem Arrangement mit den Persern. Aufgrund der Einstellung gegen Chalcedon und somit gegen Byzanz kam es 726 zur Union zwischen der armenischen und der westsyrischen Kirche. Im weiteren Verlauf der Geschichte entstand eine Pentarchie aus fünf Hierarchen mit jeweils einem Katholikat auf Aghtamar, in Sis (zeitweise in einer Union mit Rom), in Sebaste, in Etschmiadsin und dem Patriarchat in Jerusalem. Schließlich wurde Kirakos (1441–1443) zum Katholikos der gesamten armeni-

Kathedrale von Etschmiadsin, Zentrum der armenischen Kirche

schen Kirche mit Sitz in Etschmiadsin gewählt. Unter der türkischen Herrschaft kam es während des Ersten Weltkrieges zu einem Völkermord an den Armeniern, der bis heute auch Auswirkungen auf das Selbstverständnis der Kirche hat. Das Katholikat von Sis wurde 1921 nach Antelias (bei Beirut) verlegt.

Die **Indisch-Orthodoxe Kirche** geht auf die Nestorianer zurück, nach der eigenen Überlieferung sieht sie ihren Ursprung in der Missionstätigkeit des Apostels Thomas in Indien. Bis zum 15. Jh. gehörte die Indisch-Orthodoxe Kirche zur ostsyrischen Kirche. Als die Portugiesen im 15. Jh. eine Union mit der römisch-katholischen Kirche erzwingen wollten, suchte die indische Kirche Schutz durch den Anschluss an die Syrisch-Orthodoxe (westsyrische) Kirche. Aus Reformbestrebungen heraus spaltete sich im 19. Jh. die Mar-Thoma-Kirche ab. Spannungen zwischen der indischen Kirche und dem Syrisch-Orthodoxen Patriarchat führten 1975 zur Autonomie der Indisch-Orthodoxen Kirche. Die Unabhängige Syrische Malabar-Kirche in Kerala (Südindien) ist mit Rom uniert, von ihnen spaltete sich noch einmal eine syrisch-orthodoxe Gruppe ab.

Kennzeichen der Orthodoxen Kirche (in der chalcedonischen Tradition)

Bis zum Jahr 1054 verstanden sich West- und Ostkirche als eine Einheit, auch wenn sich bis dahin bereits Unterschiede entwickelt hatten. Heute ähnelt die Orthodoxe Kirche von ihrem Gesamtbild eher der römisch-katholischen Kirche als der evangelischen. Aber die Orthodoxe Kirche lehnt das Primat der römisch-katholischen Kirche und einige ihrer Dogmen ab und unterscheidet sich auch in der Liturgie von der katholischen Kirche. Das **Glaubensbekenntnis** der orthodoxen Kirche gleicht dem der katholischen und evangelischen Kirche mit Ausnahme des *Filioque*: Der entscheidende »andere« Satz lautet in dem orthodoxen Bekenntnis »Ich glaube an den Heiligen Geist, der aus dem Vater hervorgeht.« In der späteren katholischen und evangelischen Version lautet er: »Ich glaube an den Heiligen Geist, der aus dem Vater und dem Sohn hervorgeht.«

Für die **Lehre** der orthodoxen Kirchen wurde das Konzil von Chalcedon von 451 entscheidend. So unterscheidet man die Orthodoxe Kirche als »chalcedonische« (d. h. die Beschlüsse des Konzils annehmende) und die Orientalisch-Orthodoxen Kirchen als »nichtchalcedonische«, (d. h. einen Monophysitismus vertretende) Kirchen sowie die nestorianische Tradition, die schon die Beschlüsse des Konzils von Ephesos (431/3) ablehnte.

In der Orthodoxen Kirche kommt dem **Gottesdienst** ein hoher Stellenwert als liturgischem Gottesbekenntnis zu. Die Orthodoxe Kirche und die Orientalisch-Orthodoxen Kirchen unterscheiden sich in ihrer Liturgie. Der Gottesdienst der Orthodoxen Kirche wird üblicherweise nach der Liturgie des Johannes Chrysostomos gefeiert. Die Liturgie des Basilius d. Gr. findet zehnmal im Jahr zwischen dem 24. Dezember und Ostern ihre Anwendung. Und die Liturgie des Jakobus wird am 23.10., dem Tag des Jakobus, gefeiert. Die orthodoxen Christen gehen vor allem an den hohen Feiertagen (Weihnachten, Ostern, Fest der Apostel und Fest des Entschlafens der Gottesmutter) zur Kommunion. Auch getaufte Kinder (und Säuglinge) können die Kommunion empfangen, nicht aber Mitglieder anderer Kirchen, mit denen keine Kirchengemeinschaft besteht. Ostern gilt als das bedeutendste Fest. In einigen orthodoxen Kirchen ist der gregorianische, in den anderen der julianische Kalender in Gebrauch. So wird zwar das Weihnachtsfest auch nach dem julianischen Kalender am 25.12. gefeiert, aber nach unserem gregorianischen

Muttergottes von Tichwin. Ikone, Moskauer Schule, 16. Jh., Ikonenmuseum Recklinghausen

Kalender ist dies der 7.1. Das manchmal späte Datum des orthodoxen Osterfestes erklärt sich ebenfalls aus der Berechnung nach dem julianischen Kalender.

Kennzeichnend für die orthodoxe Kirche sind die **Marien- und Heiligenverehrung** sowie die Ikonenverehrung. Die Marienverehrung zeigt sich in den vielen Festen und Wallfahrtsorten für Maria. Aber im Unterschied zur römisch-katholischen Kirche gibt es bei den Orthodoxen kein Fest der unbefleckten Empfängnis und kein Fest der leiblichen Aufnahme Marias in den Himmel. Nicht die Himmelfahrt Marias feiert die orthodoxe Kirche am 15.8., sondern das »Fest des Entschlafens« der Gottesmutter.

Als Heilige werden Apostel, Kirchenväter, Märtyrer, Mönche, Nonnen, aber auch Kaiser (Kaiserinnen) verehrt (so z. B. in Russland die ganze letzte Zarenfamilie). Heilige können auch zu Symbolfiguren der nationalen Identität werden (so z. B. Sergej von Radonesh in Russland oder Sava in Serbien). Besonders beliebt als Heiliger ist der heilige Nikolaus.

Die **Ikone** repräsentiert in der Orthodoxen Kirche nicht, wie nach dem sog. Bilderstreit (s. S. 56f.) festge-

Ikonostase, Metropolitankathedrale »Agia Trias« in Bonn

stellt, das Wesen, sondern die äußere Gestalt Christi oder der Heiligen und ist somit ein Verweis auf das Göttliche. Die Ikone ist ein Tor zu Gott, das Gott erfahrbar macht. Oder wie Johannes von Damaskus es formulierte: »Die Ikone ist also ein Ebenbild, das auf das Urbild hinweist und sich von ihm doch unterscheidet.« Bereits die Herstellung bzw. das Malen der Ikone ist ein spiritueller Akt und erfolgt nach ganz bestimmten Traditionen und Regeln. Daher ist der Stil der Ikonen über die Jahrhunderte hinweg mehr oder weniger einheitlich. Kennzeichnend für den orthodoxen Kirchenbau ist, dass sich vor dem Altar eine Ikonostase, eine Bilderwand befindet, die den Altar verdeckt. Die Bilder der Ikonostase folgen in ihrer Darstellung einer mehr oder weniger genau festgelegten Reihenfolge.

Das kirchliche Leben wird entscheidend durch das **Mönchtum** bestimmt. Das frühe Mönchtum entstand zunächst in der Ostkirche (Ägypten). In der Ostkirche setzte sich die Ordensregel des Basilius als verbindlich durch. Aus dem Mönchtum gehen die Bischöfe hervor, die unverheiratet sind – im Unterschied zu Priestern und Diakonen, die auch verheiratet sein können. Mönche gelten als Vorbild und sind geistliche Berater der Laien. Bestimmte orthodoxe Klöster erreichten weltweite Berühmtheit, so etwa in Russland das 1050 von Antonios gegründete Höhlenkloster in Kiew sowie das Kloster Optina oder in Griechenland der heilige Berg Athos. Athos ist eine Mönchsrepublik mit 20 Klöstern auf der Halbinsel Chalki-

Das Kloster Dionysios auf dem Berg Athos

Die orthodoxen Kirchen: geschichtliche Entwicklungen und Tendenzen

Treffen zwischen Papst Paul VI. und dem Patriarchen Athenagoras I., Istanbul, 25.7.1967

diki, die nur Männer betreten dürfen. Der Berg wurde seit dem 8./9. Jh. von Mönchen bewohnt, die durch eine eigene Verfassung von der kaiserlichen Gerichtsbarkeit unabhängig waren. Athos entwickelte sich bald zu einem der Mittelpunkte der byzantinischen Kirche. Nach und nach entstanden russische, serbische, bulgarische und rumänische Klöster. Die Frömmigkeit der Laien ist – beeinflusst durch die Mönche – eher passiv als aktiv und geprägt durch demütige Hingabe, Mystik und Askese sowie den Glauben an die Erlösung durch die Menschwerdung Christi. Die orthodoxe Kirche kennt die Sakramente der Taufe, Myronsalbung (»Salbung« mit den Gaben des Heiligen Geistes, entspricht der Firmung), Eucharistie (Abendmahl), Beichte, Weihe (Ordination) und Trauung.

Seit der Gründung des *Ökumenischen Rates der Kirchen* 1948 gehörten die orthodoxen Kirchen diesem als Mitglied an. Ein erster Schritt zur **Ökumene** mit der römisch-katholischen Kirche war das Treffen zwischen Patriarch Athenagoras I. von Konstantinopel und Papst Paul VI. in Jerusalem 1964. Es folgte 1965 eine gemeinsame Erklärung von Patriarch Athenagoras I. und Papst Paul VI. (zeitgleich in Konstantinopel und Rom, während der letzten Sitzung des 2. Vatikanischen Konzils am 7.12.1965), in denen die seit 1054 bestehenden gegenseitigen Bannflüche aufgehoben wurden. Diese Ökumene wird bis heute fortgesetzt. So wurde im Juni 2008 der Ökumenische Patriarch von Konstantinopel, Bartholomaios I., für seinen Einsatz im Dialog zwischen den Kirchen und den Weltreligionen mit dem Klaus-Hemmerle-Preis der katholischen Fokolar-Bewegung ausgezeichnet. Und im Juli 2008 beteiligte sich der

Überblick Christliche Kirchen

RÖMISCH-KATHOLISCHE KIRCHE

PROTESTANTISCHE KIRCHEN

- Lutherische Kirche
- Reformierte Kirche
- Evangelisch-Unierte Kirche
- Anglikanische Kirche
- Freikirchen → (unter anderem)
  - Pfingstbewegung
  - Baptisten
  - Methodisten
  - Quäker
  - Mormonen
  - Neuapostolische Kirche
  - Siebenten-Tags-Adventisten
  - Zeugen Jehovas
  - Heilsarmee
  - Herrnhuter Brüdergemeine

ORTHODOXE KIRCHEN

Orthodoxe Kirche (chalcedonisch, byzantinisch)

Orth. Kirche von Konstantinopel, Alexandria, Antiochien und Jerusalem sowie die orth. Kirchen von Russland, Serbien, Rumänien, Bulgarien, Georgien, Zypern, Griechenland, Polen, Albanien, Tschechien/Slowakei, Finnland, Estland

Orientalisch-Orthodoxe Kirchen (nicht-chalcedonisch)

- Koptische Kirche
- Äthiopische Kirche
- Syrisch-Orth. Kirche (westsyrische Kirche)
- Hl Apostolische und Katholisch Assyrische Kirche des Ostens (ostsyrische Kirche)
- Armenische Apostolische Kirche
- Indisch-Orth. Kirche

Patriarch von Konstantinopel, Bartholomaios I., an der Eröffnung des Paulus-Jahres durch Papst Benedikt XVI. zur Erinnerung an den 2000. Geburtstag des Apostels.

Die Ökumene zwischen byzantinisch-orthodoxer und Orientalisch-Orthodoxen Kirchen begann 1964 mit einem ersten Treffen – vermittelt durch den *Ökumenischen Rat der Kirchen* –, dem eine Reihe weiterführender Konsultationen folgte. Trotz der Unterschiede in der Praxis zwischen chalcedonischen und nicht-chalcedonischen Kirchen konnte man 1990 in Chambésy eine theologische Einigung erzielen.

Zwischen Tradition und Wandel – ein religionswissenschaftlicher Ausblick

Der Gang durch die Kirchengeschichte hat gezeigt, dass die Entwicklung der Kirche von Anfang an ständig, und nicht nur in der heutigen Zeit, sowohl durch die alten Wege der Tradition als auch durch neue Wege in Gestalt, Lehre und Liturgie gekennzeichnet war und ist.

Wie der Religionswissenschaftler Gustav Mensching verdeutlicht, verläuft die Geschichte der Religionen nach bestimmten Lebensgesetzen: Wie für viele Religionen gilt auch für das Christentum, das dessen Entwicklung und Wandlung durch die Spannung von Tradition auf der einen und Neuschöpfung auf der anderen Seite bestimmt ist. Tradition (lat. = Weitergabe, Überlieferung; bezogen auf Schrift, Lehre und/oder Kult) ist kein statisches, sondern ein dynamisches Phänomen. Ein Beispiel dafür, wie sich Tradition wandelt und neue Tradition bildet ist, neben dem Fall Luther, die Spannung zwischen Juden- und Heidenchristen in der christlichen Urgemeinde, die sich schließlich nach außen für die »Heiden« öffnete. Illustriert wird dies anschaulich mit der Erzählung von der Taufe des »Heiden« Kornelius (Apg 10,23-48): Petrus predigt im Hause des Kornelius, durchbricht dabei die jüdische Tradition des Reinheitsgebotes bzw. des Verbotes des Verkehrs mit Nichtjuden und verändert damit die Tradition dahingehend, dass nun die christliche Gemeinschaft und Taufe für Nichtjuden ebenfalls möglich ist.

Auch Religionen sind keine statischen Phänomene, sondern unterliegen ständig Veränderungen und Entwicklungen – nicht zuletzt weil sich ihr zeitlicher und kultureller Kontext ändert. Zu den Lebensgesetzen einer Weltreligion gehört es nach Mensching, dass sie verschiedene Stadien durchläuft: Zunächst das Stadium der charismatischen Anfangszeit, die durch die enge Verbindung zwischen Religionsstifter und Jüngergemeinde sowie durch die Nähe zu der Offenbarung des Meisters (das formfreie Urerlebnis des Glaubens) gekennzeichnet ist. Schon bei der auf die Jüngerge-

Wie sehr bestimmt Kirche heute noch den Alltag? Katholische Messe 2008

meinde folgende Generation stellt sich die Frage der Tradition, nämlich wie die durch den Stifter empfangene Offenbarung weiterzugeben ist. In diesem Stadium der Dogmatisierung und Konfessionalisierung ist es für die Selbsterhaltung der Religion notwendig, die religiöse Wahrheit eindeutig zu vermitteln. Dies erfolgt durch die sich bildende Lehrtradition. Es entstehen die ersten Bekenntnisse, das Dogma als Norm der religiösen Lehre und schließlich auch die konfessionelle Differenzierung. Das nächste Stadium ist das der Organisierung. Die Mehrheit der Gläubigen ist religiös unproduktiv im Unterschied zu der auf Basis der lebendigen Glaubens- und Berufungserfahrung gegründeten Urgemeinde. Sie verlangt nun nach einer Form, die ihnen diese Glaubenserfahrung, die Gnade, objektiv vermittelt. So entsteht eine Institution (Kirche) mit beamteten Funktionären, die diese Aufgabe erfüllt und die Religion organisiert. Wenn sich die Religion durch Veräußerlichung und Verweltlichung von dem ersten Stadium immer weiter entfernt hat, so folgt das Stadium der Reformation mit dem Ziel der Erneuerung im Sinne der Rückkehr zu den charismatischen Anfängen der Urgemeinde. Das letzte Stadium des Unterganges einer Religion trifft bisher nur auf Stammesreligionen, nicht auf die Universalreligionen zu, mit einer Ausnahme, dem Manichäismus.

Auch in der Zukunft wird die Kirche sich zwischen den Polen Tradition und Erneuerung bewegen oder, calvinistisch ausgedrückt: »Die Kirche ist eine ständig zu reformierende« – »Ecclesia semper reformanda«.

Spätantike

30/33 n. Chr. Tod Jesu
45–58 Missionsreisen des Paulus
48 Apostelkonzil
63 Tod des Paulus
70 ältestes Evangelium (Markus)
2. Jh. Höhepunkt der Gnosis
3. Jh. Anfänge des Mönchtums
3.–4. Jh. Christenverfolgungen durch den römischen Staat
4. Jh. Arianischer Streit
313 Konstantinische Wende: Konstantin d. Gr. erlässt das Toleranzedikt von Mailand, das Christentum wird gleichberechtigte Religion
318–381 Nestorianischer Streit
325 Konzil von Nizäa
380 Edikt von Theodosius d. Gr., das das Christentum zur Staatsreligion des Römischen Reiches erklärt
411–529 Pelagianischer Streit
431 Konzil in Ephesus
451 Konzil von Chalcedon

Lebensdaten wichtiger Persönlichkeiten:

251–356 Antonius (erster nachweisbarer Vertreter des Mönchtums)
285–337 Kaiser Konstantin d. Gr.
336 Tod des Arius
um 451 Tod des Nestorius
480–ca. 547 Benedikt von Nursia (Gründer des Benediktinerordens)
440–461 Papst Leo I.

Apologeten (Auswahl):
2. Jh. Irenäus
160–220 Tertullian
185–254 Origenes

Kirchenväter (Auswahl):
291–373 Athanasius
329–379 Basilius
330–394 Gregor von Nyssa
333–390 Gregor von Nazianz
340–397 Ambrosius
345–420 Hieronymus
354–430 Augustinus
374–407 Johannes Chrysostomos

Mittelalter

375–568 Völkerwanderung
340 Wulfila missioniert die Goten
498 Taufe Chlodwigs
6./7. Jh. iroschottische und angelsächsische Mission
730 Bilderstreit
908–910 Gründung des Klosters Cluny (Burgund) und Beginn der Klosterreform
11./12. Jh. Klosterreformen
1054 Morgenländisches Schisma zwischen West- und Ostkirche
1075 Beginn der Gregorianischen Reform durch Papst Gregor VII.
1076–1122 Investiturstreit zwischen Papst und Kaiser
1096–1291 Kreuzzüge
1096–1099 Erster Kreuzzug
1100–15. Jh. Beginn der Katharer-Bewegung
1147–1149 Zweiter Kreuzzug
1184 Ausschluss der Waldenser aus der Kirche
1189–1192 Dritter Kreuzzug
1202–1204 Vierter Kreuzzug
1215 4. Laterankonzil
1209–1229 Albigenserkriege
1217–1221 Fünfter Kreuzzug
1232 *Sanctum Officium* als Behörde der Inquisition in Rom eingerichtet
1305–1377 Exil von Avignon (Päpste residieren in Avignon)
ca. 1375–1550 *Devotio moderna* (Erneuerungsbewegung)
1378–1417 Abendländisches Schisma (durch die Doppelwahl von zwei Päpsten)
1414–1418 Konzil von Konstanz
1453 Eroberung Konstantinopels durch die Türken

Lebensdaten wichtiger Persönlichkeiten:

530–615 Kolumban d. J. (iroschottischer Missionar)
675–754 Bonifatius (Missionar bzw. »Apostel Deutschlands«)
768–814 Kaiser Karl d. Gr.
936–973 Kaiser Otto d. Gr.
1073–1085 Papst Gregor VII. (→ Gregorianische Reform)
1090–1153 Bernhard von Clairvaux (Zisterzienser)
1098–1179 Hildegard von Bingen
1159–1181 Papst Innocenz III. (→ Papsttum auf dem Höhepunkt seiner Macht)
1181/82–1216 Franziskus von Assisi (Gründer des Franziskanerordens)
1170–1221 Dominikus de Guzmán (Gründer des Dominikanerordens)
1170–1221 Petrus Waldes (Gründer der Waldenser)

Scholastiker (Auswahl):
1033–1109 Anselm von Canterbury (der »Vater der Scholastik«)
1079–1142 Petrus Abaelard
ca. 1200–1280 Albertus Magnus
1225–1274 Thomas von Aquin

Vorläufer der Reformation:
1452–1598 Hieronymus Savanarola
ca. 1324–1384 John Wyclif

1369–1415 Johannes Hus
1290–1349 Wilhelm von Ockham
1469–1536 Erasmus von Rotterdam

Neuzeit

31.10.1517 Luther verschickt seine 95 Disputationsthesen
1518 Beginn des Prozesses gegen Luther wegen Ketzerei
1520 Wiederaufnahme des Prozesses gegen Luther/Luther veröffentlicht seine drei Hauptschriften, in denen er Kirche und Papst kritisiert
1521 Verbannung Luthers/Luthers Verhör und Reichsacht auf dem Wormser Reichstag/Beginn der Bewegung der Schwärmer
1522/23 Reformation in Zürich durch Zwingli
1524/25 Bauernkrieg
1530 Augsburger Reichstag, auf dem Melanchthon seine *Confessio Augustana* vorträgt
1534 Heinrich VIII. von England trennt sich von der römischen Kirche
1534–1535 »Reich Gottes zu Münster« der Täufer
1540 Gründung des Ordens der Jesuiten
ab 1541 Reformation in Genf durch Calvin
1545–1563 Konzil von Trient
1546/47 Schmalkaldischer Krieg
25.9.1555 Augsburger Religionsfrieden (Gleichberechtigung von Katholiken und Lutheranern)
1562–1698 Hugenottenkriege
1582 Gregorianischer Kalender
1590–1630 Höhepunkt der Hexenverfolgung
1618–1648 Dreißigjähriger Krieg
1690–1730 Höhepunkt des Pietismus
18. Jh. Aufklärung
1789–99 französische Revolution
1801 Konkordat zwischen Napoleon und Papst Pius VII.
1803 Säkularisation in Deutschland
1854 Dogma von der unbefleckten Empfängnis Marias durch Pius IX.
1858 Gründung der Zentrumspartei in Deutschland
1864 »Syllabus« von Papst Pius IX.
1869/70 1. Vatikanisches Konzil (Unfehlbarkeitsdogma)
1873 Trennung der Altkatholiken von Rom
1871–1887 Kulturkampf in Deutschland
1922 Gründung des *Deutschen Evangelischen Kirchenbundes*
1929 Lateranverträge zwischen Papst Pius XI. und Benito Mussolini: der Staat der Vatikanstadt entsteht
1933 Reichskonkordat zwischen dem Vatikan und Adolf Hitler
1934 Barmer theologische Erklärung
1937 Enzyklika »Mit brennender Sorge« von Papst Pius XI.
1945 »Stuttgarter Schulderklärung«
1947 Gründung des *Lutherischen Weltbundes*
1948 Gründung des *Ökumenischen Rates der Kirchen* (ÖRK) in Amsterdam
1962–1965 2. Vatikanisches Konzil
1999 »Gemeinsame Erklärung zur Rechtfertigungslehre« zwischen Vatikan und *Lutherischem Weltbund*

Lebensdaten wichtiger Persönlichkeiten:

Reformatoren:
1483–1546 Martin Luther
1484–1531 Ulrich Zwingli
1509–1564 Johann Calvin
1509–1565 Heinrich VIII.

Ordensgründer:
1491–1556 Ignatius von Loyola
1582 Tod der Theresia von Avila
1591 Tod des Johannes vom Kreuz

Pietisten:
1635–1705 Philipp Jakob Spener
1663–1727 August Hermann Francke
1700–1760 Nikolaus Graf von Zinzendorf

Päpste
1846–1878 Pius IX.
1922–1939 Pius XI.
1958–1963 Johannes XXIII.
1963–1978 Paul VI.
1978–2005 Johannes Paul II.
seit 2005 Benedikt XVI.

Evangelische Persönlichkeiten:
1875–1965 Albert Schweitzer
1886–1968 Karl Barth
1906–1945 Dietrich Bonhoeffer
1929–1968 Martin Luther King
1931 Desmond Tutu

Ablass Erlass von kirchlichen Bußstrafen aufgrund von Verdiensten und Werken (auch Geld und Almosen). Der Missbrauch des Ablasses z. Zt. Luthers führte zum sog. Ablassstreit.

Abt/Äbtissin Leiter/in eines →Ordens.

Abtei Kloster mit Abt.

Anachoreten (griech. *anachorein* = sich zurückziehen) Vertreter des frühen Mönchtums, die zurückgezogen in der Wüste Ägyptens lebten.

Angelsächsische Mission →Iroschottische Mission.

Apologeten Verteidiger des Christentums in der Spätantike (wie z. B. Tertullian, Irenäus).

Apostel (griech. = Gesandte) Die von Jesus Christus zur Verkündigung des Evangeliums berufenen und in die Welt ausgesandten Jünger Jesu.

Arianismus Auf Arius (gest. 336) aus Alexandrien zurückgehende Lehre, derzufolge Christus nicht wesensgleich mit Gottvater, sondern diesem untergeordnet ist. Der Arianismus führte während des ganzen 4. Jh. zu innerkirchlichen Streitigkeiten.

Aufklärung Geistesgeschichtliche Bewegung im 18. Jh., deren Ziel eine auf Vernunft, Freiheit und Natürlichkeit basierende Gesellschaft war. Hauptvertreter waren u.a. Hume, Locke, Voltaire, Leibniz, Kant und Lessing.

Bauernkrieg Aufstand der Bauern (1524/25) z. Zt. der Reformation mit dem Ziel sozialer und politischer Verbesserungen und unter Berufung auf das Evangelium.

Beginen Laienbewegung von Frauen im Mittelalter, die sich zusammenfanden zu einem spirituellen und asketischen Leben ohne bindendes Gelübde.

Bettelorden Orden, die nach einem strengen Armutsideal leben, wie die Franziskaner und Benediktiner.

Bilderstreit (Ikonoklasmus) Streit um die Frage der Bilderverehrung in Byzanz im 8. Jh., wobei die Bilderfeinde den Bilderfreunden Ikonolatrie (Bildanbetung) vorwarfen.

Bischof (griech. *episkopos* = Aufseher) Geistlicher Würdenträger, Leiter eines bestimmten Gebietes (Bistum, Diözese). In der katholischen und orthodoxen Kirche gelten die durch Handauflegung geweihten Bischöfe als Nachfolger der Apostel (= apostolische Sukzession) und sind mit entsprechender Lehr- und Amtsgewalt ausgestattet.

Bistum Ein von einem Bischof geleiteter territorialer Amtsbereich bzw. Verwaltungsbezirk der Kirche, der wiederum in Pfarrgemeinden aufgeteilt ist. Auch Diözese (oder Sprengel) genannt.

Calvinismus Auf Johannes Calvin zurückgehende Form des Protestantismus.

Confessio Augustana Bekenntnisschrift von Melanchthon, die später für den Protestantismus als Lehrgrundlage große Bedeutung erlangte.

Eremit (griech. = Einsiedler)

Eucharistie (griech. = Danksagung) Gottesdienstliche Feier zur Erinnerung an das letzte Abendmahl Jesu.

Devotio moderna Eine Bewegung »neuer Frömmigkeit«, die von dem Niederländer Gerhard Groote 1380 begründet wurde und die Einfluss auf die →Reformation hatte.

Diakon (griech. *diakonos* = Diener, Gehilfe) Zum niederen Klerus in der katholischen Kirche gehörend – dem Rang nach die Vorstufe zur Priesterweihe. Ursprünglich neben Bischof und Presbyter in der Gemeinde vor allem in der Liturgie, Armen- und Krankenpflege tätig.

Diözese → Bistum

Dogma (griech. = Lehrsatz, Verordnung) Glaubenssatz bzw. verbindliche Auslegung der Offenbarung durch das Lehramt der katholischen Kirche.

Donatismus Auf Donatus (gest. um 355) zurückgehende Lehre, nach der nur die von einem vollem Mitglied der Kirche gespendeten Sakramente gültig sind.

Dreißigjähriger Krieg Europäischer Konfessionskrieg (1618–1648) zwischen protestantischen und katholischen Ländern, der mit dem Westfälischen Frieden endete.

Freikirchen Aus protestantischen Erweckungsbewegungen hervorgegangene kleinere Kirchengemeinschaften, die sich von den Großkirchen durch ihre Unabhängigkeit vom Staat, weniger in Organisation und Dogma, unterscheiden.

Fundamentalismus Eine Anschauung, die radikal, fanatisch und/oder militant die eigene Glaubensüberzeugung vertritt und durchsetzt unter Berufung auf die

Grundlagen (»Fundamente«) des Glaubens, der Heiligen Schrift und der Tradition.

Gnosis (griech. = Erkenntnis) Eine religiöse Bewegung der Antike zwischen 100 v.Chr. und 400 n.Chr., der es vor allem um spirituelle Erkenntnis ging.

Gregorianische Reform Nach Papst Gregor VII. benannte Reform, deren Ziel es war, die Kirche von weltlich-staatlichem Machteinfluss zu befreien (*libertas ecclesiae,* lat. = Freiheit der Kirche) und ihr mehr Eigenständigkeit zu verschaffen.

Häresie (von griech. *hairein* = wählen) Eine von der offiziellen Kirche abweichende und daher als Glaubensabfall angesehene Lehre, deren Anhänger als Häretiker bzw. Ketzer verfolgt werden.

Hugenotten (= Eidgenossen), Protestanten in Frankreich, die sich dem Calvinismus anschlossen.

Ikone (griech. = Bild) Heiligenbild in den orthodoxen Kirchen.

Inquisition (lat. = Untersuchung) Gerichtsverfahren und auch die kirchliche Behörde (*Sanctum Officium,* lat. = Heiliges Amt) mit der Aufgabe, den Abfall vom rechten Glauben zu verfolgen, zu untersuchen und zu bestrafen. Sie richtete sich nicht gegen Ungläubige, sondern gegen Christen, die vom Glauben abfielen.

Investiturstreit Streit zwischen Papst und König um die Frage, ob die Bischöfe nur vom Papst oder auch von Laien (König, Adlige) eingesetzt werden dürfen.

Iroschottische und angelsächsische Mission Frühe Mission in Irland und Britannien durch wandernde Mönche, die auch germanische Gebiete auf dem Festland missionierten.

Jurisdiktionsprimat Die kirchliche Gerichtsbarkeit, die nach der katholischen Kirche dem Papst zukommt.

Kanoniker Weltliche Geistliche (Dom- und Stiftsgeistliche) im Mittelalter, die nach einer festen Regel (Kanon), der Augustinerregel lebten, sich von den Mönchen aber durch Privatbesitz (kein Armutsgelübde) unterschieden.

Katharer (griech. = die Reinen) Auch »Albigenser«, manichäisch beeinflusste mittelalterliche religiöse Bewegung, die vor allem ein Armutsideal und ein dualistisches Weltbild vertrat.

Katholisch (griech. = allgemein, umfassend) Zunächst im Sinne eines Wesensmerkmals der Kirche, dann Bezeichnung der Römisch-Katholischen Kirche.

Ketzer →Häresie

Kirchenstaat Das *Patrimonium Petri* (= Erbgut des Petrus), das weltliche Herrschaftsgebiet des Papstes. Es bestand aus dem *Ducatus Romanum* (das Gebiet um Rom) und dem ehemaligen byzantinischen Exarchat von Ravenna und war vor allem aus der →Pippinischen Schenkung hervorgegangen. Seit 1929 der *Staat der Vatikanstadt.*

Kirchenväter »Theologen« der Alten Kirche, meist Bischöfe (wie z. B. Augustinus, Hieronymus, Ambrosius). Nach späterer katholischer Lehre gelten als Kirchenväter diejenigen, die sich durch rechte Lehre, heiligen Lebenswandel, kirchliche Anerkennung und die Zugehörigkeit zur Alten Kirche auszeichnen.

Kloster (von lat. *claustrum* = verschlossener Raum) Ort, an dem Mönche bzw. Nonnen eines →Ordens zusammenleben.

Koinobiten (griech. *koinos bios*, lat. *coinobium* = gemeinsames Leben, auch Zönobiten) Frühe Form des Mönchstum, die nach dem Vorbild der apostolischen Urgemeinde zusammenlebten.

Konfession (von lat. *confiteor* = bekennen) Im ursprünglichen Sinn ein Glaubensbekenntnis. Seit dem 19. Jh. Bezeichnung der unterschiedlichen christlichen Kirchen und Gemeinschaften.

Konstantinische Schenkung Eine später als Fälschung erkannte Urkunde von Kaiser Konstantin d. Gr., worin er Rom das Primat über die anderen Kirchen und die Herrschaft des Papstes über Italien und den Westen des Römischen Reiches überträgt.

Konzil Außerordentliche Versammlung kirchlicher Würdenträger, vor allem der Bischöfe, zur Klärung von Fragen des Glaubens, der Lehre und Liturgie.

Kreuzzüge Kriege im Heiligen Land (1096–1291), zu denen die Päpste zum Schutz der christlichen Pilger und der heiligen Stätten sowie zur Befreiung Jerusalems von den Muslimen aufriefen. Motiv und Antrieb der

Kreuzzüge war die Idee der Pilgerschaft ins Heilige Land, verbunden mit der Vorstellung des Heiligen Krieges gegen die Heiden.

Kulturkampf Konflikt zwischen dem preußischen Staat und der römisch-katholischen Kirche 1871–1887.

Manichäismus Eine von Mani (216–277 n.Chr.) gestiftete gnostische Weltreligion der Antike.

Märtyrer (griech. = Blutzeuge) Ein für das Bekenntnis seines Glaubens als Blutzeuge gestorbener Christ.

Metropolit Leiter einer → Metropolie in den orthodoxen Kirchen.

Metropolie Amts- und Verwaltungsbereich eines Metropoliten in den orthodoxen Kirchen, die kein → Patriarchat bilden.

Mission (lat. = Sendung) Verbreitung einer Religion unter Andersgläubigen bzw. deren Bekehrung.

Mönch (von lat. *monachus* = alleinlebend) Männliches Mitglied eines → Ordens.

Montanismus Charismatisch-eschatologische, streng asketische Erweckungsbewegung im 2. Jh.

Mysterienkulte (von griech. *mysterion* = Geheimnis) Religiöse, geheimgehaltene Kulte der Antike, in deren Zentrum meist die Erde oder Fruchtbarkeit symbolisierende Gottheiten standen.

Nestorianismus Auf Nestorius (gest. um 451) zurückgehende Lehre, die die Trennung der beiden Naturen in Christi betonte und die menschliche Natur hervorhob.

Nonne Weibliches Mitglied eines → Ordens.

Ökumene (griech. = die ganze bewohnte Erde) Meint das gemeinsame, weltweite Zusammenwirken aller christlichen Kirchen. Ziel der Ökumene ist primär die Gemeinschaft von Kirchen, nicht eine Einheitskirche.

Orden Gemeinschaft von Mönchen bzw. Nonnen, die nach bestimmten Ordensregeln (Armut, Gehorsam, Keuschheit) leben.

Patriarch Leiter eines → Patriarchats in den orthodoxen Kirchen.

Patriarchat Amts- und Verwaltungsbereich eines → Patriarchen in den orthodoxen Kirchen. Die bedeutendsten und ältesten Patriarchate sind die von Konstantinopel, Alexandrien, Antiochien und Jerusalem.

Pelagianischer Streit Ein sich von 411–529 hinziehender Streit um die Frage, ob der Mensch durch Gnade oder eigenes Handeln zum Heil gelangt.

Pietismus (von lat. *pietas* = Frömmigkeit) Im deutschen Protestantismus entstandene, auf praktische Frömmigkeit ausgerichtete Erweckungsbewegung im 17./18. Jh., in dessen Nachfolge die Bewegung der Puritaner, Quäker und der Methodisten entstand. Hauptvertreter waren Spener, Francke und Zinzendorf.

Pippinische Schenkung Schenkung des Kaisers Pippin d. Gr. an den Papst, die aus den von den Langobarden eroberten, ehemals byzantinischen Gebiete Mittelitaliens bestand und die Grundlage für den Kirchenstaat bildete.

Pontifex maximus Ursprünglich der »oberste Priester« des römischen Staatskultes, später ein Titel, den der Papst übernahm. Davon abgeleitet ist das Pontifikat, die Regierungszeit eines Papstes und das Pontifikalamt, die vom Papst gefeierte Messe (später auch Bischofsmesse).

Pontifikat → Pontifex maximus

Prämonstratenserorden Ordensähnliche Gemeinschaft der → Kanoniker, gegründet von Norbert von Xanten.

Presbyter (griech. = Ältester) Ursprünglich der Vorsteher der Gemeinde, in der katholischen Kirche der geweihte Priester, in der evangelischen Kirche Mitglied des Gemeinderates.

Presbyterium Kirchenvorstand in der evangelischen Kirche.

Reformationsrecht (= *Jus reformandi*) Gesetz, nach dem der jeweilige Landesherr die Konfession in seinem Land frei bestimmte.

Reliquien (lat. *reliquae* = Überreste) Gebeine, Kleidungsstücke etc. eines Heiligen, auch von ihm berührte Gegenstände.

Ritterorden Im Zuge der Kreuzzüge gegründete militärische Orden (Johanniter, Templer und Deutscher Orden), die sich zu den Mönchsgelübden der Armut, Keuschheit und des Gehorsams verpflichteten, darüber hinaus aber auch zum Schutz der Pilger in Jerusalem und zum Dienst an ihnen.

Sakrament (lat. = Heiliges) Liturgische Zeichen- bzw. Weihehandlung, die die Gnade Gottes vermittelt. In der katholischen Kirche kennt man sieben Sakramente (Taufe, Eucharistie, Buße, Firmung, Priesterweihe, Krankensalbung und Ehe), in der evangelischen Kirche zwei Sakramente (Taufe, Eucharistie).

Schisma (lat. = Spaltung) Glaubensspaltung, gemeint ist vor allem das Morgenländische Schisma zwischen West- und Ostkirche 1054, das zur Trennung von katholischer und orthodoxer Kirche führte und das sog. Abendländische Schisma von Avignon durch die Doppelwahl von zwei Päpsten 1378.

Scholastik Versuch einer allumfassenden, philosophisch-theologischen Welt- und Glaubenserkenntnis im Mittelalter. Thematisch ging es vor allem um die Frage, ob Vernunft oder kirchliche Autorität als Grundlage der Wahrheit zu gelten hat. Hauptvertreter waren Anselm von Canterbury, Petrus Abaelard, Albertus Magnus und vor allem sein Schüler Thomas von Aquin, ferner Johannes Bonaventura und Johannes Duns Scotus.

Sekte (von lat. *sequor* = nachfolgen oder *secare* = abspalten) Religiöse Minderheit, die sich von der Kirche abgespaltet hat.

Synode Regelmäßige Versammlung kirchlicher Würdenträger, vor allem der Bischöfe, zur Klärung von Fragen des Glaubens, der Lehre und der Liturgie.

Transsubstantiation Nach katholischer Lehre in der Eucharistie die wesenhafte, substanzielle Verwandlung von Brot und Wein in Fleisch und Blut Christi.

Waldenser Von Petrus Waldes gegründete, manichäisch beeinflusste mittelalterliche, durch ein Armutsideal geprägte Laienbewegung.

Westfälischer Frieden →Dreißigjähriger Krieg

Zölibat Verpflichtung der weltlichen Kleriker (Priester, Bischof) in der katholischen Kirche zu Ehelosigkeit und Keuschheit.

Bibliografie

Besonders zu empfehlende Bücher sind mit einem * gekennzeichnet.

Gesamtdarstellungen Kirchengeschichte/Geschichte des Christentums

*__Antes, Peter:__ Das Christentum. Eine Einführung, München 2004

*__Birnstein, Uwe/Gutschera, Herber/Körner, Theo u.a.:__ Chronik des Christentums, Gütersloh, München 1999

Bubolz, Georg: Christentum, Berlin 2003

Fischer, Helmut: Christentum, Köln 2001 (Schnellkurs)

Kottje, Raymund u. a. (Hg.): Ökumenische Kirchengeschichte, 3 Bde., Darmstadt 2006–2007

*__Gutschera, Herbert/Maier, Joachim/Thierfelder, Jörg:__ Geschichte der Kirchen, Freiburg i. Br. ²2006

Mayeur, Jean-Marie (Hg.): Die Geschichte des Christentums. Religion, Politik, Kultur, 14 Bde., Freiburg i. Br. 1991–2004

Moeller, Bernd: Geschichte des Christentums in Grundzügen, Göttingen ⁹2008

Stemberger, Günter: 2000 Jahre Christentum, Erlangen 1994

Katholische Kirchengeschichte

*__Eder, Manfred:__ Kirchengeschichte. 2000 Jahre im Überblick, Düsseldorf 2008

*__Franzen, August (hg. von Remigius Bäumer):__ Kleine Kirchengeschichte, Freiburg i. Br. 2006

*__Franzen, August/Bäumer, Remigius:__ Papstgeschichte, Freiburg i. Br. 1988

Heim, Manfred: Einführung in die Kirchengeschichte, München 2000

Jedin, Hubert (Hg.): Handbuch der Kirchengeschichte, 7 Bde., Freiburg i. Br. 1962–1979

Evangelische Kirchengeschichte

*__Decot, Rolf:__ Kleine Geschichte der Reformation in Deutschland, Freiburg i. Br. 2005

Graf, Friedrich Wilhelm: Der Protestantismus, München 2006

Ulrich, Jörg/Heil, Uta: Klausurenkurs Kirchengeschichte, Göttingen 2002

Mühlenberg, Ekkehard: Epochen der Kirchengeschichte, Heidelberg 1999

Orthodoxe Kirchengeschichte

Basdekis, Athanasios: Die Orthodoxe Kirche. Eine Handreichung für nicht-orthodoxe und orthodoxe Christen und Kirchen, Frankfurt a. M. 2001

Döpmann, Hans-Dieter: Die orthodoxen Kirchen, Berlin 1991
Larentzakis, Grigorios: Die Orthodoxe Kirche. Ihr Leben und ihr Glauben, Graz u.a. 2000
Tamcke, Martin: Das orthodoxe Christentum, München ^{2}2007

Lexika und Nachschlagewerke
Hartmann, Gerhard: Daten der Kirchengeschichte, Wiesbaden 2007
***Heim, Manfred:** Kirchengeschichte in Daten, München 2006
***Ders.:** Kleines Lexikon der Kirchengeschichte, München 1998
***Ders. (Hg.):** Theologen, Ketzer, Heilige. Kleines Personenlexikon zur Kirchengeschichte, München 2001
Jedin, Hubert: Kleine Konziliengeschichte, Freiburg ^{6}1990
Persch, Dietmar/Freier, Alice/ König, Hans-Hermann u.a.: Kleines Lexikon der Reformation. Themen, Personen, Begriffe, München 1985
***Schwaiger, Georg/Heim, Manfred:** Kleines Lexikon der Päpste, München 2005
Walton, John H.: Chronologische Tabellen und Hintergrundinformationen zur Kirchengeschichte, Marburg a. d. L. 1987

**Theologische Standardlexika*
Betz, Hans Dieter u.a. (Hg.): Religion in Geschichte und Gegenwart, 9 Bde., Tübingen ^{4}1998–2007 (ev.)
Kasper, Walter (Hg.): Lexikon für Theologie und Kirche, 11 Bde. Freiburg i. Br. u. a. ^{3}1993–2001 (kath.)
Müller, Gerhard (Hg.): Theologische Realenzyklopädie, 38 Bde., Berlin, New York, 1977–2007

Einzelthemen
Behringer, Wolfgang: Hexen, München 2005
Fink, Karl August: Papsttum und Kirche im abendländischen Mittelalter, München 1994
Holl, Adolf: Die Ketzer, Wiesbaden 2007
Homburg, Elke/Lucke-Huss, Karin: Klöster, Köln 2007 (Schnellkurs)
Kienzler, Klaus: Der religiöse Fundamentalismus, München 1996
Kloft, Hans: Mysterienkulte der Antike, München ^{2}2003
Küng, Hans: Die Frau im Christentum, München 2001
Markschies, Christoph: Die Gnosis, München 2001
Mensching, Gustav: Die Religion, Stuttgart 1959
Neuhaus, Volker: Bibel, Köln 2005 (Schnellkurs)
Peters, Ulrike: Esoterik, Köln 2005 (Schnellkurs)

Internetseiten mit Informationen zu den Kirchen in Deutschland:
Römisch-Katholische Kirche: www.katholisch.de
Evangelische Kirchen: www.ekd.de
Orthodoxe Kirchen: www.orthodox.de und www. kokid.de

Orts- und Sachregister:

Aachen 55ff.
Abendländisches Schisma 77ff.
Ablass 71, 84, 87f., 101
Agape 46
Aggiornamento 125
Akkommodation 104, 106
Albigenserkriege 64, 75
Alexandrien 32, 34ff., 42, 44f., 150f., 155f.
alexandrinische Schule 36f.
Anagni 79
angelsächsische Mission 48, 50f.
Anglikanische Kirche 98f., 112, 145
antiochenische Schule 36f.
Antiochien 19f., 23f., 36f., 72, 150f., 157
Apologeten 23, 32, 41
Apostelkonzil 21
Arianismus 14, 34ff., 42f., 45, 49, 75
Armenische Apostolische Kirche 155, 159
Äthiopien 156
Äthiopische Kirche 155ff.
Aufklärung 86, 88, 113, 115, 154
Augsburger Religionsfrieden 92f., 109
Augustiner 41, 68, 86, 100
Avignon 78ff.

Baptisten 11, 96, 132f., 141
Barmer theologische Erklärung 123
Bartholomäusnacht 98
Basel 81f., 95f., 100
Bauernkrieg 91f.
Beginen 69
Beichte 46, 50, 164
Bekennende Kirche 123
Benediktiner 60, 66f.
Bettelorden 67f.
Bewegung für Glaube und Kirchen 135f.
Bewegung für Praktisches Christentum 135f.
Bilderstreit 56f., 65, 163
Bischof (Amt) 29., 45f., 145
Bogomilen 74
Bonn 23, 32, 119, 140, 152, 162
Brüder vom gemeinsamen Leben 85f.
Buße 47, 82, 84, 88, 90

Calvinismus 98, 111
Chalcedon 34, 37f., 41, 150, 155, 159, 161
Christus 17f., 18, 22, 34f., 36f., 47, 50f., 57, 66, 78, 88, 90, 106, 111, 124, 136, 150
Cluny 60ff., 66
Confessio Augustana 92f.
Confessio Gallicana 97

Deutsche Christen 123f.
Deutscher Orden 68f.
Devotio moderna 84, 86
Diakon 97, 128, 142, 163
Dialog der Religionen 128, 134ff.
Dogma 117, 132, 149, 167
Dominikaner 67f., 75, 106
Donatismus 38, 43, 75
Dreißigjähriger Krieg 107ff.
Drittes Reich 121ff.

Edikt von Nantes 98
Ehe 47, 82, 98f., 128, 145ff.
Enzyklika 120, 123f, 135, 137, 141, 146
Ephesus 34, 37f
Eremitentum 39f., 66
Esoterik 128, 148f.
Eucharistie 19, 24, 45ff., 64, 82, 85, 136, 144, 164
Evangelikale Bewegung 139, 147
Evangelische Kirche Deutschlands (EKD) 129
Evangelium 16f., 91

Familie 145ff.
Franziskaner 67, 69, 102, 106
Französische Revolution 86, 113
Frau 142ff.
Freikirchen 11, 111, 131ff., 145
Friesland 51f.
Fundamentalismus 86, 117, 129, 133, 139ff.
Fürstbischof 59
Fürstenreformation 92

Gegenreformation 76, 100f., 104
Genf 96f., 136
Germanen 36, 48f.
Globalisierung 86, 128, 134, 139, 149
Gnosis 14, 23, 30ff.
Gorze 60
Gregorianische Reform 60ff.

Heidenchristen 19ff., 166
Heidenmission 19, 21ff.
Heiligenverehrung 24f, 47, 134, 162
Heilsarmee 132
Herrnhuter Brüdergemeine 106, 110f., 132
Hexen 76, 108, 113
Hexenhammer 108
Hugenotten 97f.
Humanae Vitae 146
Humanismus 85, 95f.

Indisch-Orthodoxe Kirche 155, 160
Inquisition 7, 48, 68, 74ff., 108
Internationaler Missionsrat 135
Interreligiöser Dialog 137f.
Investiturstreit 60ff.
iroschottische Mission 50
Islam 10, 52, 70, 74, 82, 137, 156, 158

Jerusalem 10f., 15f., 18ff., 27, 37, 45, 69, 70, 72f., 150f., 159, 164
Jesuiten 102ff., 119f.
Johanniterorden 69f.
Juden 14, 16, 20f., 24, 30, 47, 71, 74, 76, 124, 126, 166
Judenchristen 19f.

Kaiserkrönung 59
Kaiserkult 23, 47

Kanoniker 67
Kapuziner 102
Karmeliter 68, 102
Kartäuser 66
Katechumenat 46
Katharer 64, 74f.
Katholikentag 115, 138, 144, 149
Kinderkreuzzug 73
Kirchenstaat 53f., 63, 77, 82, 101, 114, 117, 121
Kirchentag 115, 137
Kirchenväter 24, 32, 41ff., 76, 143, 162
Klosterreform 56, 66ff.
Köln 23, 66, 71, 73, 109, 120
Konfession 11f., 93f., 107, 109f., 122, 138, 151
Konkordat 63, 114, 121ff.
Konstantinische Schenkung 54
Konstantinische Wende 26ff.
Konstantinopel 28, 34, 36f., 44f., 52, 54, 57, 65f., 72f., 150ff., 164f.
Konstanz 77, 81, 84, 92, 95, 100
Konzil 28, 34ff., 41f., 45, 56f., 77ff., 100ff., 116ff., 125ff., 136, 139, 150, 155, 161, 164
Koptische Kirche 155
Kreuzzüge 48, 64, 66, 68ff., 80
Kulturkampf 116ff.,
Kyrios 23, 47

Langobarden 48, 52f., 55
Lutherische Kirche 116
Luthers Thesen 82, 88f.

Malteser 69
Manichäismus 14, 30ff., 43, 74, 167
Märtyrer 24, 32, 47, 52, 162
Mennoniten 96, 132
Messias 17f., 22
Methodisten 111f., 132
Metropolie 152
Metropolit 41, 152, 154, 156
Mission 10, 14, 21ff., 29, 32, 36, 45, 48, 50ff., 103ff., 139, 143, 152, 154, 156, 158
»Mit brennender Sorge« 123f.
Modernismus 120, 139, 142
Mönchtum 39ff., 60, 155, 163
Monophysitismus / Monophysiten 37, 150, 155f., 158, 161
Moral 145ff.
Mormonen 11, 132
Mysterienkulte 14, 24, 30ff.

Nestorianismus 14
Neuapostolische Kirche 132
Nizäa 28, 34ff., 42, 45, 56f.,
»Nostra Aetate« 126, 139

Oblaten 103
Ökumene 128, 130, 134ff., 164f.
Ökumenischer Rat für Praktisches Christentum 135
Ökumenischer Rat der Kirchen (ÖRK) 136
Orden 66ff.
Orientalisch-Orthodoxe Kirchen 150ff., 155, 157, 161, 165
Orthodoxe Kirche 73, 135, 150ff., 154f., 157, 160ff.
Ostsyrische Kirche 155, 157f.

Papsttum 45, 48, 58f., 63, 73, 75, 77, 79, 82, 89
Patriarchat 36, 45, 150ff.,
Pelagianismus 38, 43, 158
Pfingstbewegung 11, 132f., 141
Pharisäer 15f., 21,
Pietismus 106, 110f.
Pilgerschaft für Christus 50f.
Pippinische Schenkung 53f.
Prämonstratenserorden 66f.
Presbyter 19, 23, 25, 34, 43, 45f., 97
Puritanismus 110

Quäker 11, 111f., 132
Qumran 15f.

Reform 60ff., 67, 81ff., 88ff., 94ff., 100ff.
Reformation 76, 81, 84ff., 167
Reformierte Kirche 97
Reichskirche 14, 29, 58f., 146
Renaissancepäpste 82, 100
Ritterorden 68
Rom 68, 73, 75, 79f., 87ff., 92, 98ff., 104, 113f., 116f., 120f., 131, 142, 150, 156f., 159, 160, 164
Russland 96, 121, 151, 153f., 162f.

Sachsen 55, 89, 91, 93
Sadduzäer 15
Sakrament 38f., 43, 46, 74f., 82, 85, 87, 90, 102, 129, 152, 164
Säkularisation 60, 86, 113ff.
Schisma 38, 64f., 77, 79, 80f, 99, 150, 158
Schmalkaldischer Krieg 92
Scholastik 76f., 85, 87
Schuldbekenntnis 125
Schwärmer 95
Sekte 10, 11, 14ff., 129, 148
Sexualität 44, 145ff.
Siebten-Tags-Adventisten 133
Sola 85, 87, 101
Staat der Vatikanstadt 54, 117, 121
Staatskirche 14ff., 44, 115, 157, 159
»Syllabus« 117, 119f., 141
Synode 28, 35, 45, 52, 55f., 70, 97, 102, 158
Syrien 20, 157, 159

Taufe 19, 43, 45ff., 49, 82, 90, 95, 133, 153, 164, 166
Täufer 16, 93, 95f., 133
Templerorden 69
Tora 15f., 18
Transsubstantiation 64, 84, 90, 99, 101
Trient 88, 92, 101f.
Trier 23, 27f., 41, 43, 45, 62, 109

Ultramontanismus 117, 119
»Unam Sanctam«« 78
Unfehlbarkeit (Dogma) 117ff.
Unierte Kirche 116

Ursulinen 102

Vatikanisches Konzil 117ff.
Via antiqua 85
Via moderna 85f.
Völkerwanderung 48f.
Vulgata 83f., 102

Waldenser 64, 74f.
Weihnachtsfest (Datum) 34, 161
Weltreligion 10, 14, 22, 29, 32, 138, 164, 166,
Westfälischer Friede 109
Westsyrische Kirche 155, 157, 160
Wiedertäufer 76, 95f.
Wormser Edikt 90, 92
Wormser Reichstag 90, 101

Zeugen Jehovas 11, 132
Zisterzienser 66, 91, 136
Zölibat 60, 65, 84, 95, 100, 126, 128
Zürich 95f.

Personenregister:

Aedesius 156
Albertus Magnus 68, 77
Alexander V. 80
Alexander VI. 82, 84, 105
Ambrosius 41, 43, 46, 143
Anselm von Canterbury 76
Antonius 39ff. 50, 155
Arius 34f.
Athanasius 35, 40ff., 45, 155f.
Athenagoras I. 66, 164
Augustinus 35, 38, 41, 43f., 46, 66f., 76,

Balduin von Bouillon 72
Barnabas 23
Barth, Karl 169
Bartholomaios 164f.
Basilius 41f., 161, 163
Benedikt von Nursia 41
Benedikt XIII. 80
Benedikt XVI. 127, 138, 146, 165
Bernhard von Clairvaux 66, 72
Berthold 68
Bismarck, Otto von 119f.
Bohemund von Tarent 72
Boleyn, Anne 99
Bonhoeffer, Dietrich 169
Bonifatius 51f., 55
Bonifaz VIII. 77f.
Bora, Katharina von 91
Borromäus, Karl 103
Brigitte von Schweden 79
Bruno von Köln (Kartäuser) 66

Cäcilian 38
Caelastius 38
Calvin, Johannes 93, 95ff.
Canisius, Petrus 104
Cäsarius von Arles 38
Chlodwig 49
Claver, Peterus 106
Clemens VII. 79, 99
Clemens von Alexandrien 32, 155
Cranmer, Thomas 99f.

David 17, 54ff.
Decius 25
Diokletian 26
Dioskuros I. 155
Döllinger, Ignaz von 119
Dominikus de Guzmán 68, 76
Domitian 25
Donatus 38
Drewermann, Eugen 129
Duns Scotus 77

Eck, Johannes 89
Elisabeth I. 100
Epiphanius 32
Erasmus von Rotterdam 85, 95
Eusebius 13, 28, 35, 48
Eutyches 37

Faber, Petrus 103
Fox, George 112
Francke, August Hermann 110f.
Franz von Assisi 67f., 75
Friedrich II. 64, 73
Frumentius 156

Galen, Clemens August Graf von 124
Galerius 26
Gottfried von Bouillon 72
Gratian 29
Gregor d. Gr. 50
Gregor VII. 61, 62f.
Gregor von Nazianz 35, 42
Gregor von Nyssa 35, 42
Gregor XII. 80
Groote, Gerhard 85

Hadrian 55
Heinrich IV. 62
Heinrich VIII. 98f.
Heinrich von Navarra (Heinrich IV.) 98
Hieronymus 41, 43
Hildegard von Bingen 143
Hippolyt von Rom 32
Hitler, Adolf 121ff.
Hugo von Payens 69
Humbert von Silva Candida 65
Hume, David 113

Ignatius von Antiochien 23f.
Innozenz VIII. 82
Institoris, Heinrich 108
Irenäus von Lyon 32
Irene 57

Jakobos Baradaios 157
Jakobus 19, 161
Jan Hus 81
Jesus 14ff., 22, 31, 34, 36, 38, 47, 111, 124, 136, 138, 144, 150
Johannes 16, 19f., 25
Johannes Bonaventura 77
Johannes Cassian 38, 41
Johannes Chrysostomos 44, 161
Johannes der Täufer 16
Johannes Paul II. 107, 127, 137f., 144
Johannes XII. 58f.
Johannes XXIII. 81, 125f., 136
Josephus Flavius 15
Julian 29
Julian von Eclanum 38
Julius II. 82

Junia 142
Justin 32

Kant, Immanuel 113
Karl d. Gr. 41, 48, 51, 53ff., 59
Karl V. 89., 92f., 103
Katharina von Aragon 98f.
Katharina von Siena 79
King, Martin Luther 169
Kirakos 159
Klemens von Rom 23
Kolumban d. J. 50
Konstans 29
Konstantin 28f., 35f., 45, 49, 54, 56
Konstantius 26, 29, 35
Küng, Hans 129
Kyrill von Alexandrien 37, 44
Kyrillos VI. 156

Las Casas, Bartolomé de 106
Lefebvre, Marcel 141
Leibniz, Gottfried Wilhelm 113
Leo I. 45
Leo III. 56f.
Leo X. 82
Lessing, Gotthold Ephraim 113
Lichtenberg, Bernhard 124
Locke, John 113
Loyola, Ignatius von 103
Ludwig IX. 73
Luther, Martin 77, 82, 85ff., 95, 97, 100f., 166

Mani 32f.
Maria 24, 36f., 117, 162
Maria die Katholische 100
Martin V. 81
Maxentius 26f.
Menno Simons 96
Merici, Angela 102
Michael Kerullarios 65
Mithras 33f.
Mussolini, Benito 121

Napoleon Bonaparte 70, 114
Nero 22, 25
Nestorius 36f., 44
Nobili, Robert de 106
Novatian 25f.

Origenes 32, 42, 155
Otto d. Gr. 48, 55ff.
Otto IV. 64

Pachomius 39f., 155
Paul III. 83, 101, 103
Paul VI. 66, 73, 125, 144, 146, 164
Paulos von Bet 157
Paulus 19ff., 25, 40, 106, 142ff., 165
Pelagius 38
Penn, William 112
Peter d. Gr. 154
Peter von Amiens 71
Petrus 18ff., 25, 27, 45, 54, 166
Petrus Abaelard 77
Petrus Waldes 75
Philipp der Schöne 78
Philipp II. 72
Philipp IV. 69
Pippin d. J. 52
Pius IX. 116f., 141
Pius VII. 114
Pius X. 120f, 141
Pius XI. 121, 123f., 135
Plinius d. J. 15
Polykarp 24
Pontius Pilatus 14, 17

Remigius 49
Ricci, Matteo 106
Robert von Molesme 66

Sales, Franz von 103
Savanarola 84
Schenuda III. 155f.
Sixtus IV. 82
Söderblom, Nathan 135
Spee, Friedrich 108
Spener, Philipp Jakob 110f.
Sprenger, Jakob 108
Staupitz, Johannes 87
Stephan II. 53

Tacitus 15
Tertullian 32, 42, 143
Tetzel, Johann 88
Theodosius d. Gr. 27, 29, 35, 43
Thomas von Aquin 68, 77, 85
Thomas von Kempen 85
Tutu, Desmond 134

Urban II. 71
Urban VI. 79

Voltaire, François Marie Arouet 113

Wesley, Charles 112
Wesley, John 112
Whitefield, George 112
Wilfrid 50f.
Wilhelm von Aquitanien 60
Wilhelm von Ockham 85
Willibrod 51
Wulfila 48
Wycliff, John 81

Xaver, Franz 103

Zinzendorf, Nikolaus Graf von 110f.
Zwingli, Ulrich 93, 95, 97

akg-images 36, 44, 49, 50, 58, 72, 73, 76, 77, 93, 95, 113, 118, 146, 153; (Pietro Baguzzi) 47 o; (Herve Champollion) 163; (Markus Hilbich) 101; (Dieter E. Hoppe) 137; (Erich Lessing) 26, 34, 66, 97, 109, 126, 150; (Yvan Travert) 159; akg-images/RIA Nowosti 127 u; akg-images/VISIOARS 71

arthothek 20 l+r

bildarchiv monheim (F. Monheim/R. von Götz) 56; (Achim Bednorz) 78, 116; (Jochen Helle) 89, 104; (Florian Monheim) 120

bpk/RMN/Hervé Lewandowski) 57; bpk/Gemäldegalerie, SMB / Jörg P. Anders 15

cartomedia, Karlsruhe 22, 23, 39, 53, 94, 127 o, 130 o + u, 165

Fundación Collección Thyssen-Bornemisza, Madrid 98

Herzog Anton Ulrich Museum, Braunschweig 87

Prof. Dr. Ibrahim, Wunstorf 40

© Ikonen-Museum Recklinghausen 2007 161

KNA Pressebild 138 o; KNA-Bild/Reuter 55, 138 u, 164

Musei Vaticani, Rom 103

Ulrike Peters, Bonn 2, 10, 11, 13, 16, 19, 27 u, 28, 32, 41, 45, 46, 47 u, 62, 64, 67, 70, 83, 105, 107, 115, 129, 136, 140, 142, 143, 144, 149, 152, 162, 167

picture-alliance (Uwe Gerig) 52; picture-alliance/epd 68, 134 u; picture-alliance/dpa 51, 132, 133, 134 o; picture-alliance/KPA/Top-Foto 148

Photo Scala, Florenz 30, 68

Anne und Henri Stierlin 37

Unterlinden Museum, Colmar 18

Aus »Bildwerk zur Kirchengeschichte«, hg. von Willhad Paul Eckert u.a. Freiburg u.a. 1984 ff. (6 Bde.), Bd.1: 27 o

Die Rechte für alle nicht aufgeführten Abbildungen liegen beim Verlag oder konnten nicht ausfindig gemacht werden.